W0318810

Susanne Schaber

Sechstausend Fuß jenseits von Mensch und Zeit

Engadiner Höhenflüge

Susanne Schaber

Sechstausend Fuß jenseits von Mensch und Zeit
Engadiner Höhenflüge

Picus Lesereisen

Picus Verlag Wien

Für J. A.

Copyright © 2003 Picus Verlag Ges.m.b.H., Wien
Alle Rechte vorbehalten
Grafische Gestaltung: Dorothea Löcker, Wien
Umschlagabbildung:
Foto © Max Weiss, Montabella, St. Moritz
Druck und Verarbeitung:
Druckerei Theiss GmbH, St. Stefan
ISBN 3-85452-768-3

Inhalt

Engadin, Engad-Inn

Schritt für Schritt den Fluss entlang

> *»Kennen Sie den Inn, meine Liebe? [...]*
> *Das Engad-Inn?«*
>
> ROBERT MUSIL,
> *Der Mann ohne Eigenschaften*

Irgendwo dort unten in der Tiefe des Bergsees entspringt ein Fluss. Zu sehen ist nichts, nur eine dunkeltürkise Wasserfläche in einer felsigen Senke. Steine, Geröll, ein paar Gräser, etwas Wind, das Krächzen der Dohlen. Was für ein Ort, um auf die Welt zu kommen. Den Inn scheint es nicht zu stören. Er kriecht durch den Lej dal Lunghin, wie der See heißt, und kommt an dessen südlichem Ufer ans Licht. Ein paar Meter durch Kiesel und Moos und dann geht's wirklich los: Er jagt bergab.

Der Inn, das habe ich schon als Kind gelernt, ist 510 Kilometer lang, entspringt am Lej dal Lunghin, fließt durchs Engadin und das Tiroler Inntal, ehe er in Passau in die Donau mündet und später ins Schwarze Meer. »Kennen Sie den Inn, meine Liebe?«, heißt es in Robert Musils »Mann ohne Eigenschaften«. »Ich habe nämlich heute zufällig eine Autokarte angesehn, und da habe ich bemerkt, dass der Inn aus der Schweiz kommt. Das habe ich freilich wahrscheinlich schon gewusst; das wissen wir alle, aber wir denken nie daran. Bei Maloja entspringt er, ein lächerlicher Bach ist er, ich hab ihn ja selbst dort gesehn; so wie bei uns die Kamp oder Morava. Aber was haben die Schweizer daraus gemacht? Das Engadin! Das weltberühmte Engadin! Das Engad-Inn, meine Liebe!! Haben Sie schon je daran gedacht, dass dieses ganze Engadin vom Worte Inn kommt?« Stimmt nicht ganz, aber doch. En heißt der Inn hier in der Gegend und dieser En hat dem Engadin seinen Namen gegeben.

Und weltberühmt, wie Musil meint? Das wohl, weltberühmt ist das Engadin allemal. Ein Hochtal im Herzen der Zentralalpen, etwa hundert Kilometer lang, eines der südlichsten Gebiete Graubündens und der Schweiz. Entstanden im späten Tertiär, geformt von den gewaltigen Gletschermassen der Eiszeit, besiedelt in der frühen Bronzezeit, kurz nach 1800 vor Christus. Politisch unterteilt in das Ober- und das Unterengadin, direkt benachbart dem Bergell und dem Puschlav, den beiden südlichsten Tälern des Bündnerlandes. Sie gehören nicht wirklich zum Engadin – und sind doch Teil dieser Gegend und ihrer Identität, ein Knotenpunkt zwischen der deutschen und der romanischen Kultur, zwischen dem Norden und dem Süden Europas.

Das Engadin ist ein magischer Landstrich. Kaum eine andere Gegend in den Alpen, die sich in so vielen Romanen, Gedichten, philosophischen Abhandlungen und Briefen spiegelt. Das spezielle Licht brachte Dichter, Maler und Philosophen zum Staunen, die Weite der Seenlandschaft, das fast schon mediterrane Flair eines Bergtales zwischen Hochebenen, Gletschern, Felsen und wilden Abhängen. »Ausgesetzt auf den Bergen des Herzens« fühlt man sich hier, wie Rainer Maria Rilke es beschreibt: Der rätselhafte Zauber der Landschaft rührt an die Seele. »In mancher Natur-Gegend entdecken wir uns selber wieder, mit angenehmem Grausen; es ist die schönste Doppelgängerei«, weiß Friedrich Nietzsche. »Wie glücklich muss der sein können, welcher jene Empfindung gerade hier hat.« Oder, um es mit Thomas Mann zu sagen: »Das Oberengadin ist der schönste Aufenthalt der Welt. Nicht leicht spreche ich vom ›Glück‹, aber ich glaube beinahe, ich bin glücklich hier.«

Was ist die Magie dieser Landschaft? Während ich von Maloja zum Lej dal Lunghin aufsteige, habe ich viel Zeit darüber nachzudenken. Meine Gedanken kommen nicht weit. Wozu auch? Um hinter den Vorhang des Geheimnisses zu blicken? Ich bin am Inn aufgewachsen, in Innsbruck, und lebe inzwischen in Wien – und damit immer noch am Inn. So sehe ich's jedenfalls. Immerhin kommt ein ansehnlicher Teil des Donauwassers von hier oben. Ein Jahr ohne Reise ins Engadin scheint mir ein verlorenes. »Das Feld, vor dem du stehst, scheint dieselben Proportionen zu haben wie dein eigenes Leben«, heißt es bei John Berger. Und wahrscheinlich ist es kein Zufall, dass mir dieser Satz gerade jetzt einfällt. Ich habe den Anstieg hinter mir, blicke auf den See und die Welt, die sich von hier oben präsentiert: ein spektakuläres Panorama auf die Gipfel von Margna, Chapütschin und Corvatsch, auf die vergletscherten Zacken von Bernina und Palü. Auf der anderen Seite das Bergell mit seinen schroffen Felswänden. Imposante, bedrohliche Bergstöcke, wie Heinrich Zschokke 1836 festhält: Unter dem Lunghin-See, lese ich in seinem Buch »Klassische Stellen der Schweiz«, breite sich »das weiße Leichentuch der Natur über alles aus«.

Das alles ist viel mehr als ein Feld. Was hat das Leben noch mit mir vor? Hier oben, am Lej dal Lunghin, bin ich längst nicht am Ziel. Ich will mir einen langjährigen Wunsch erfüllen: den Inn entlang zu wandern, von der Quelle bis zur Grenze bei Martinsbruck, jenem Punkt, wo das Engadin ins Tiroler Inntal übergeht. Gut hundert Kilometer, vom Lunghin-See über Maloja, Sils-Maria und Silvaplana nach St. Moritz, weiter nach Celerina, Samedan und Zuoz bis zu jener Brücke, die das obere vom unteren Engadin trennt. Und von dort hinab nach Zernez und über Susch, Schuls und Strada zur Grenze. Wie lang das dauert? Ich weiß es nicht, will mir auch Zeit nehmen für Abstecher und Umwege – und den Inn dabei nicht aus den Augen verlieren.

Bevor ich mich auf den Weg ins Tal mache, steige ich vom See noch weiter hinauf zum Pass und treffe dort auf einen Wegweiser: Wasserscheide Lunghin, 2645 Meter, lese ich. Die Pfeile weisen in alle Richtungen, zu drei verschiedenen Ozeanen: Der Inn fließt ins Schwarze Meer, die Mera oder Maira ins Adriatische und die Julia in die Nordsee. Ein Stückchen weiter unten sehe ich den Septimer und ganz hinten liegt die Forcellina, der Übergang nach Juf und ins Avers. Das Engadin ist ein altes Durchzugsland. Seine Pässe – Julier, Septimer, Maloja oder Bernina – dienten den Römern als Handelsstraßen in den Norden. Als sie 15 vor Christus Graubünden eroberten und in Rätien umbenannten, bauten sie die Straßen aus, um sie als Handels-, Post- und Militärwege zu nutzen. Auch die Engadiner, ursprünglich Bauern und Jäger, lebten von den Reisenden, hoben Weg- und Brückenzölle ein, verkauften Essen, Wolle, Leder. Säumer und Ruttner, für die Transporte und den Zustand der alten Wege verantwortlich, machten gute Geschäfte. Bis heute noch sind auf dem Pfad, der vom Septimer steil hinunter bis nach Casaccia im Bergell führt, die Reste einer alten Straße auszumachen: Pflastersteine mit den Abdrücken der Räder voll beladener Karren, Wegmarken.

Auch mein eigener Weg führt wieder abwärts. Der Inn, dieses flinke Bächlein, kommt immer mehr in Fahrt, stürzt sich über Felsen und das ausgewaschene Flussbett nach unten. Aenus, den Gewaltigen, nannten die Römer den Inn. Doch davon ist hier nicht viel zu spüren. Bei Pila, oberhalb von Maloja, quert er zum ersten Mal ein Dorf. Es sind nur ein paar Häuser, doch eines davon ist bei Feinschmeckern berühmt geworden. In ihm hat Renato Giovanoli seine Selchkammern eingerichtet. In luftdurchlässigen Speichern trocknen Schinken, *Coppa* und das Fleisch von Hirsch und Wildschwein, Würste aller Art. Giovanolis Spezialitäten sind weithin bekannt, Kenner schwärmen von den feinen Nuancen der Würzung. Liegt's an der Luft oder an den Weiden, auf denen die Tiere grasen? Kunstdünger ist hier unbekannt, die Vielfalt der Kräuter und Gräser kaum zu zählen.

Ich bin hungrig. In diesen Tagen, da ich am Inn unterwegs bin, esse ich mich quer durch die Engadiner Küche, durch *Maluns* und *Capuns, Gnocs* und *Polenta*: eine kräftige Bauernküche, viel Kartoffeln, Speck und Kraut, viele Würste oder *Salsize,* wie sie hier heißen, Wild. Und zuletzt noch Nusstorte und Birnenbrot. Der Wein kommt aus dem benachbarten Valtellina, aus der Bündner Herrschaft bei Maienfeld und Zizers und vom Genfer See.

Maloja. Der Inn schlängelt sich am Dorfrand vorbei und verschwindet im Silser See. Ich wandere dem Wasser entlang nach Isola. Ein kleiner Weiler, ein paar Häuser nur. Einige von ihnen sind nur im Sommer bewohnt und im Winter eingeschneit und verlassen. Es kann kalt werden hier oben, die Seen frieren regelmäßig zu, Spazierwege und Langlaufloipen führen mitten übers Eis. Der Engadiner Skimarathon ist berühmt, etwa zwölftausend Sportler treffen sich hier im März jedes Jahres und rasen durchs Tal. Die Loipe führt über die Seen von Sils, Silvaplana, Champfèr und St. Moritz und kommt bei S-chanf an ihr Ziel. Die Schnellsten legen diese 42 Kilometer in gerade mal neunzig Minuten zurück, wer es langsamer angeht, braucht vier bis fünf Stunden. Ein unglaubliches Bild, wenn in Maloja der Startschuss fällt und Massen von Läufern über den See stürmen. Ein Spektakel.

Der Sommer mag es ruhiger. Die Morgen am Silser See sind klar und still. Doch pünktlich zu Mittag prescht der Wind vom Maloja her, Segler und Surfer können sich darauf verlassen. Und auch das schlechte Wetter zieht fast immer aus dem Bergell herauf: Der Nebel quillt nach oben, wie Rauch aus einer Hexenküche, und legt sich über die Ebene. Dann kann es düster werden, geheimnisvoll. Doch das ist selten, das Engadin hat mehr Sonnentage als die übrige Schweiz. Als ich den Uferweg entlang gehe, zieht einer dieser samtseidigen Sommerabende auf, wie sie Marcel Proust im August 1893 am Silser See erlebt hat und in seiner impressionistischen Skizze »Leibhaftige Gegenwart« beschreibt: »Diese kleinen Schmetterlinge, die über den See segelten, kamen und gingen über unsere Seele – über unsere Seele, die sich angesichts solcher Schönheit vor Erregung spannte und bereit war zu vibrieren –, sie flogen wieder und wieder wie ein lustvoller Bogen dahin. […] Unsere zum Klingen gebrachte Seele lauschte dem lautlosen Flug, einer Musik aus Zauber und Freiheit, und all die sanften, doch intensiven Harmonien des Sees, der Wälder, des Himmels und unseres eigenen Lebens begleiteten sie mit einer magischen Sanftheit, die uns in Tränen auflöste.«

Die Wellen kräuseln sich, schlagen auf der Halbinsel Chasté gegen das felsige Ufer. Hier hat Nietzsche an seinem »Zarathustra« gedichtet, hier wollte er auch begraben sein. Doch er liegt nun auf dem Friedhof von Röcken. Auf der Spitze der Landzunge steht ein Gedenkstein. Für Sils-Maria und das Nietzsche-Haus mit dem Zimmer, in dem Friedrich Nietzsche etliche Sommermonate verbracht hat, habe ich keine Zeit, nicht heute, ich bleibe auf der anderen Talseite, wo der Inn durch den Lej Giazöl plätschert, den Elsternsee, ein paar größere Pfützen, ehe er neuerlich abtaucht, diesmal in den Silvaplaner See, später in den Lej da Champfèr. Von Surlej aus der Blick über das Plateau, wie ihn Ferdinand Hodler in seinen berühmten Bildern eingefangen hat: die Weite des Sees, in dem sich Himmel und Berge spiegeln, die Margna, der Piz Grevasalvas, die Spitze des Badile.

Der Inn will weiter, nach ein paar Kilometern erreicht er St. Moritz. Das Engadin ist eine Gegend voller Kontraste. Endlose Wanderwege durch abgelegene Seitentäler ohne Häuser und Hütten, ruhige kleine Dörfer, wo gegen zehn Uhr abends die Lichter ausgehen, Bergbauern, die auf über zweitausend Metern ihr Vieh weiden und das Heu einfahren, Hirten, Senner, Schnapsbrenner.

Und dann die Gegend um St. Moritz, wo die mondäne Welt zu Hause ist. Rauscht an in ihren Privatjets auf dem Flughafen von Samedan, gleitet in Jaguars und Bentleys in die Chalets und Villen, verschwindet hinter den Drehtüren der eleganten Grandhotels. Hier fließt viel Geld: in die Kassen von Juwelieren und Kürschnern, auf die Konten der Immobilienhaie. Der Bau von Zweitwohnsitzen floriert, ob Apartments oder Häuser. »Die Stadt Oberengadin wächst weiter«, titelte die *Engadiner Post* im April 2002, im Jahr der Berge. Zwischen Sils und S-chanf, gut fünfzehn Kilometer östlich von St. Moritz, seien über vierhundert Wohnungen im Bau, für weitere dreihundert gebe es schon die Bewilligung. Ein Ende des Booms sei nicht in Sicht, meint Hanspeter Danuser, Kurdirektor von St. Moritz: Er schätzt, dass in dieser Region in einem Jahr etwa 1500 bis 1600 neue Wohnungen entstehen. Ein Quadratmeter Bauland kostet zwischen fünfundzwanzig- und dreißigtausend Schweizer Franken. Nichts für schmale Brieftaschen. Es sei viel schwarzes

Geld im Umlauf, hört man, für Apartments und Häuser, die den überwiegenden Teil des Jahres leer stehen. Orte wachsen und sterben gleichzeitig ab, weil sie nicht wirklich bewohnt werden. Parallel dazu steigt der Druck auf die Kurvereine. Touristen fordern größere Schigebiete, imposantere Tennis- und Golfplätze, ausgedehnte Bahnen für Skater. Eine Gratwanderung: das Land nicht dem lärmenden Massentourismus auszuliefern und trotzdem mitzuhalten mit den Ansprüchen des Gastes.

Als ich durch St. Moritz wandere, wird mein Schritt schneller. Aufwändige Parkleitsysteme, Luxusboutiquen, Bars – wo bin ich hier eigentlich? In einer Stadt in den Alpen, in München, Zürich, Innsbruck? Der Ort wächst den Hang hinauf, Grandhotels stürmen berg- und himmelwärts, die Natur zieht sich immer mehr in die Höhe zurück. Es dauert eine Weile, ehe man Häuser, Hotelburgen und Liftmasten wieder aus den Augen verliert.

Der Inn verschwindet im Wald. Eine Steilstufe, und dann folgt eine weitere Ebene. Dem Inn wird's recht sein, denn nun bekommt er Gesellschaft, den Flaz-Bach. Täusche ich mich oder weht mir hier, zwischen Celerina und Samedan, ein anderer Wind entgegen? Er rauscht aus dem Val Bernina herunter, von den Gletschern. Der Flaz-Bach hat ein anderes Tempo als der Inn, er ist stürmischer, unbändiger. Seine Farbe erinnert an Eis. In ihm steckt das Schmelzwasser von Pers, Morteratsch und Roseg: eine wild zerklüftete, schrundige Gletscherwelt mit eisigen Abhängen, Graten und Spalten. Filmkulissen. Oft genug sind Kameraleute, Regisseure und Schauspieler im Engadin herumgeturnt. »Die weiße Hölle vom Piz Palü« von Arnold Fanck hat Leni Riefenstahl berühmt gemacht, »Der Rebell« mit Luis Trenker war einer der Lieblingsfilme von Hitler und Goebbels. Eine schweizerische Landschaft im Dienst der Propagandamaschinerie der Nazis. Trenker, Riefenstahl, Fanck oder der Alpin-Schriftsteller Walther Flaig – nach dem Krieg wurde über sie alle das Einreiseverbot verhängt. Eine Geste, mehr nicht.

Heute hat man andere Sorgen. Zwischen 1850 und 1973, dem Zeitpunkt einer großen gesamtschweizerischen Gletscherinventur, ist das Eis um vierzig Prozent zurückgegangen, von siebenhundert erfassten Gletschern sind hundert verschwunden. Und seit 1973 haben sich die Eisfelder um ein weiteres Fünftel reduziert. Der Vadret da Morteratsch am Fuß des Piz Bernina, so beobachten die Bergführer, hat sich innerhalb eines Menschenlebens um einen guten Kilometer zurückgezogen, Hänge geraten ins Rutschen, Muren werden häufiger. An diesem Sommertag, da ich den Inn für einige Stunden verlasse, um auf die Diavolezza hinaufzufahren, auf 2973 Meter, kann ich all diese Gefahren nur erahnen. Vor meinen Augen ein unglaubliches Panorama: Gleißende Schnee- und Eisflächen funkeln in der Sonne, weiße Grate und Spitzen ragen in den Himmel. »Im Engadinischen hören die Berge auch auf dem Ansichtskartenbild bereits auf, ›Gebirgsmajestäten‹ zu sein«, habe ich bei Ernst Bloch gelesen. »Sie sind desto ungeheurer, als sie nur wie Hügel am Horizont zu stehen scheinen und ihre Höhe nicht aus dem Kontrast zum Tal, sondern aus ihrem eigenen, sichtbaren Zustand aufgeht.«

So viel Eis habe ich noch nie gesehen, nicht auf einem Flecken. Ich drehe mich nach allen Seiten, überall die weiß und blau schimmernden Gletscher, ein kühler Wind. Wie lange es wohl dauern würde, bis all dieses Eis in die Meere abgeflossen wäre? Bis hier nur ödes Felsland übrig geblieben wäre? So weit kann ich nicht rechnen, vorstellen kann ich's mir noch weniger. Als ich über den Pers-Gletscher zum Morteratsch absteige, spüre ich, wie er lebt: Es kracht unter meinen Füßen, ich entdecke Flöhe und Flechten, höre das Wasser unterm Eis gluckern und rauschen.

Zusammen mit dem Flaz-Bach wandere ich zurück zum Inn. Die Ebene zwischen Celerina, Samedan, Zuoz und S-chanf kommt mir laut vor, ich habe nicht mehr das Branden und Tosen des Wassers im Ohr, sondern Lärm. Der Inn fließt träge über das Plateau, direkt neben einer viel befahrenen Straße. Behäbige Dörfer mit alten Engadiner Häusern, und doch eine geschäftige Gegend: die große Remise der Rhätischen Bahn in Samedan, das Kreisspital, der Flugplatz, das Lyceum Alpinum in Zuoz, eines der bekanntesten internationalen Gymnasien der Schweiz. Eine private Eliteschule, viel Sport, viele Sprachen, Schüler aus aller Welt. Das Engadin ist keine enge Gegend. Handelsstraßen haben die Begegnung mit anderen Kulturen und Sprachen leicht gemacht, Arbeitslosigkeit und Armut viele Engadiner aus der Heimat vertrieben. Etliche von ihnen sind als wohlhabende Leute nach Hause zurückgekommen, haben fremdes Essen, Bräuche und Musik mitgebracht. Einige von ihnen sind jenseits der Bündner Grenzen hängen geblieben und kehren nur in den Ferien heim. *Randulinas* nennt man sie, Schwalben.

Kurz hinter S-chanf wird das Tal wieder enger, der Inn stürzt sich in eine Schlucht, Kajakfahrer zeigen Mut, jagen durch Stromschnellen den Fluss hinunter und tauchen in die Gischt. Und ich zweige nach Chapella ab. Hinter den Bäumen sehe ich einen schlanken Kirchturm, aus groben Steinen gemauert, mit einem Dach aus Holz. Neben dem Turm der heute verfallenen Nikolaus- und Ulrichskapelle das alte Hospiz, 1250 erbaut, am Eingang des Val Susauna, wo der Weg zwischen Davos und Bormio durchzog. Wie viele Pilger, Reisende, Kaufleute sind durch den Torbogen mit dem schlichten Kreuz über seinem Scheitel in die Dormitorien getreten, mit Sack und Pack? Wie viele Geschichten hängen immer noch in diesen Räumen, die über siebenhundert Jahre alt sind?

Brüder aus Como haben das Hospiz betreut, später wurde es zum Armen- und Siechenhaus. Und was finde ich nun hinter den Mauern des einstigen Gotteshauses? Ein paar Steine der früheren Kapelle, wilde Brombeeren – oder das Paradies?

Das Hospiz ist geschlossen, ich ziehe weiter Richtung Chinous-chel. Ein paar Meter noch und ich habe die Grenze hinter mir, bin in wenigen Schritten vom oberen ins untere Engadin gewechselt. Was nun kommt? Das ist eine andere Geschichte.

Der unsichtbare Faden des Wunderbaren

Alberto Giacometti und das Bergell

> *»Tastend versuche ich, in der Leere den unsichtbaren weißen Faden des Wunderbaren zu erwischen, der sich zitternd bewegt und mit dem Rauschen eines Baches, der über lebendige, kostbare Kiesel fließt, Ereignisse und Träume entweichen lässt.«*
>
> ALBERTO GIACOMETTI, *Verbranntes Gras*

Sterben? Ausgerechnet jetzt? Nein, das geht einfach nicht, das ist zu früh. »Ça m'ennuyerait beaucoup de mourir maintenant. J'ai encore tout à faire.« Wenig später ist Alberto Giacometti tot. Gestorben im Kantonsspital Chur am 11. Januar 1966, um 22.10 Uhr, wie der Totenschein festhält, an einer entzündlichen Fibrose des Herzmuskels nach einer jahrelangen chronischen Bronchitis. Während man Albertos Leiche nach Stampa im Bergell bringt, reist sein Bruder Diego nach Paris in das gemeinsame Atelier in der Rue Hippolyte-Maindron und heizt den inzwischen eisig kalten Raum. Er taut die gefrorenen Lappen auf, die Alberto um die Tonbüste »Elie Lotar III« gewickelt hatte, um sie vor dem Eintrocknen zu schützen, legt die Büste in Gips und versorgt den Abdruck. Dann kehrt er in die Schweiz zurück.

Bis zum 15. Januar liegt Alberto Giacometti

aufgebahrt in seinem Atelier in Stampa. Von dort holt ihn die Trauergemeinde am Nachmittag ab. Ich habe ein Foto davon in Erinnerung: eine weiße Landschaft, nichts zu sehen als Schnee und Schatten. In diesem harten Weiß der Schemen eines Pferdefuhrwerks, dahinter eine lange Reihe von Trauernden. Eine schmale, fast schwarze Linie, mit Strichen, Punkten und ausgefransten Rändern, auf einem hellen Tableau.

Etwa eine halbe Stunde ist der Trauerzug unterwegs, ehe er die Kirche von San Giorgio am Rande von Borgonovo erreicht. Eine kurze Messe, die Einsegnung, der Sarg senkt sich ins Grab, das kleine Fenster am Sargdeckel, durch das der Tote in die Welt zurückzublicken scheint, verschwindet im Dunkel. Kurz darauf ist Alberto Giacometti mit Erdklumpen und Schnee zugedeckt. Es ist eisig kalt.

Diego Giacometti kehrt ein paar Tage später nach Paris zurück. Er lässt den Gipsabdruck in Bronze gießen und schickt die Büste ins Bergell. Dort stellt er sie aufs Grab seines Bruders, zusammen mit jener kleinen Taube aus Bronze, die er für Alberto gefertigt hat. Am Friedhof von Borgonovo liegen die Giacomettis eng beisammen: Annetta, Giovanni, Augusto, Agata, Zaccaria, Diego, Luciano – und wie sie alle heißen. Eine weit verzweigte Familie, zusammengewachsen auf kleinstem Raum. Auch die anderen Gräber lassen mich staunen. So wenige Dynastien in einem so schmalen, gerade mal 22 Kilometer langen Tal? Wie viel verwandtschaftliches Blut ist hier zusammengeflossen? Früher, da war der Maloja-Pass im Winter häufig geschlossen, da kamen kaum Fremde ins Bergell. Lange Abende, kalte Schlafzimmer, wenig Licht, viele Geheimnisse.

Die Giacomettis, Santis und Stampas, wie die Vorfahren von Alberto heißen, leben seit vielen Generationen im Bergell, jenem Landstrich vor der italienischen Grenze, der nicht mehr recht zum Bündnerland gehören will. Wer von der Weite der Engadiner Seenplatte kommend den Maloja gequert hat und unversehens über einen felsigen Abhang ins Bergell gestürzt ist, fühlt sich gefangen: Hier wird's eng. Eine schmale Talsohle, zusammengedrückt von übermächtigen Bergen, die steil nach oben drängen. Das Auge kommt nicht weit, bleibt an Felsen hängen, kriegt gerade noch ein kleines Stück Himmel zu sehen. Im Winter schaffen es die Sonnenstrahlen monatelang nicht bis ins Tal, die Dörfer liegen im Schatten, Reif setzt sich fest, die Bäche frieren zu und werden still, die Fensterscheiben vereisen für viele Wochen. Ernst Bloch fällt mir ein, sein Text über die »Maloja-Chiavenna-Drift«: »Der Gletscher dort oben am Scheitel des Himmels ist der Ort des wildesten Jean Paulschen Traums, des so schrecklichen und tiefsinnigen, dass kaum mehr als die Überschrift ihm gelungen ist: Rede des toten Christus vom Weltgebäude herab, dass kein Gott sei.«

Die Selbstmordrate in dieser Gegend ist hoch. Die Jungen wandern ab, die Alten harren aus: ein wenig Fremdenverkehr, ein bisschen Landwirtschaft. Immer noch haben einige Bergeller das Recht, im Sommer die Weidegebiete oberhalb der Engadiner Seen zu benutzen. Etliche Familien haben dort seit Generationen eine *Maiensäss*, wie man die einfachen Almhütten nennt. Dort hinauf übersiedeln sie im Mai und kehren im Herbst wieder hinunter ins Dunkel.

Die Namen der Bergeller Orte haben nichts Schweizerisches: Casaccia, Vicosoprano, Borgonovo, Stampa, Promontogno, Soglio, Bondo, Castasegna. Man spricht Italienisch oder *Bargaiot*, den lokalen Dialekt. Keine weiche Sprache, kurze Vokale, harte Konsonanten. Erst gegen die italienische Grenze zu wird die Landschaft lieblicher. Soglio, der berühmteste Ort dieser Gegend, thront auf einem Sonnenplateau. Ein Dorf, wie aus dem Heimatfilm: mit Bachkieseln gepflasterte Wege, mit Schieferplatten gedeckte Steinhäuser, Heu in den Scheunen, fein gestapeltes Holz unter den Fenstern, Bergwiesen und Kastanienwälder, Rainer Maria Rilke im Gästebuch des Palazzo Salis.

Stampa liegt unten im Tal. Dort ist alles anders. »Eine Art Vorhölle«, wie Diego Giacometti diagnostizierte. Alberto hat das nicht gestört. Im Herbst geboren, ist er von klein auf mit Kälte und Dunkelheit vertraut. Alberto Giacometti kommt am 10. Oktober 1901 zur Welt, als

Sohn des Malers Giovanni Giacometti und seiner Frau Annetta. Die Wohnung in Borgonovo wird schnell zu eng. Man übersiedelt nach Stampa, zuerst ins Haus Piz Duan, das dem Vater Giovannis gehört, später in eines der benachbarten Häuser. Die daneben liegende Scheune wird zum Atelier.

Albertos Verbindung zur Mutter ist innig. Wieder sehe ich ein Foto vor mir: 5. August 1909, Familienausflug nach Castasegna anlässlich des 38. Geburtstags von Annetta Giacometti. Eltern und fünf Kinder lagern im Gras, alle im Festtagsstaat, der Vater und die drei Buben in Anzügen und Hemden mit breiten Schleifen, Mutter und Tochter in geblümten und karierten Kleidern. Alberto, ein ernstes Kind mit einem wilden Haarkranz heller Locken, sitzt ganz außen, seine Mutter auch, auf der anderen Seite der kleinen Gruppe. Die beiden sehen einander an. In ihrem Blick ein Geheimnis, eine fast schon magische Intensität der Verbindung. Als ob es neben den beiden niemand anderen gäbe. Und so wie auf dem Foto scheint es geblieben zu sein: Nichts und niemand hat sich je zwischen Alberto und Annetta schieben können. Jahrzehnte später lässt er seine Ehefrau wissen, er habe sie nur genommen, weil sie Annette heiße. Eine gute Ehe?

Die Mutter muss sich früh von ihrem Sohn trennen. Er ist vierzehn, als er nach Schiers bei Chur ins Gymnasium übersiedelt. Dass Alberto Maler und Bildhauer werden will, scheint schnell klar. Sein Vater bestärkt ihn. Er ist schließlich selbst Künstler, ebenso wie sein Cousin Augusto. Gegen dieses Erbe kann man sich schwer wehren. Alberto studiert in Genf und Paris, wo er sich später niederlässt. Dort entstehen Zeichnungen und Bilder, in denen die Farben des Bergeller Winters stecken: die Grautöne von Granit und Schiefer, das dumpfe Grün und Braun der abgestorbenen Wiesen, das helle, eisige Blau der Schneekristalle. Die Verbindung zu den Orten seiner Kindheit reißt nie ab. Giacometti verbringt die Sommer- und Herbstmonate in Stampa und Maloja. Dort steht das Haus seines Großonkels, das Annetta geerbt hat, eine Sommerfrische für die Familie.

Ein Atelier gibt's an beiden Orten. Alberto hat seine Mutter von klein auf gezeichnet und gemalt, sie war sein erstes Modell. Über die Jahre hinweg arbeitet er an einer Reihe von Bildern und Zeichnungen: Annetta im Schlafzimmer, im Wohnzimmer, im Atelier, beim Fenster unter der Lampe, die Mutter sitzend, die Mutter lesend, Kopfstudie, die Mutter im Bett, schlafend.

Ein drittes Foto, um 1960 aufgenommen: Annetta und Alberto im Atelier in Stampa, ein Schnappschuss. Alberto im Halbprofil, telefonierend, über eine Schnur mit der Welt verbunden. Vor ihm Annetta, fast neunzig Jahre alt. Eine bestimmte Frau. Klaren Blickes schaut sie in die Kamera, kein Lächeln, keine Pose für den Fotografen. Wie eine Mauer hat sie sich vor ihrem Sohn aufgebaut. Ein Gesicht, die beiden. Selbst die Linien, die sich auf der Stirn eingegraben haben, scheinen die gleichen zu sein. Inzwischen hat sich Annetta jene kräftige, helle Krause wachsen lassen, wie sie Alberto auf dem Familienporträt aus Castasegna getragen hat. Die zwei werden sich von Jahr zu Jahr ähnlicher. Alberto hat seine Mutter nur um zwei Jahre überlebt.

Vor mir »Verbranntes Gras«, ein Text Giacomettis aus dem Jahr 1933. »Tastend versuche ich, in der Leere den unsichtbaren weißen Faden des Wunderbaren zu erwischen, der sich zitternd bewegt und mit dem Rauschen eines Baches, der über lebendige, kostbare Kiesel fließt, Ereignisse und Träume entweichen lässt.« Alberto Giacometti ist neben der Mera aufgewachsen. Maira haben die Räter den Fluss genannt, die Mächtige. Sie brandet über Felsklippen und abgeschliffene Steine zu Tal, ein Wildbach in zerklüftetem Gelände. Ich fühle mich klein, als ich auf der Brücke in Stampa stehe. Im Ohr das Sausen und Tosen des Wassers, eine Sprache, die geheimnisvoll bleibt. Dazu die steilen Abhänge, ein verkarsteter, furchteinflößender Felsenzirkus. Dort oben hausen die Ungeheuer und Bestien aus den Sagen, die an düsteren Winterabenden in die Stuben und Träume drängen. Ein bedrohlicher Landstrich. Menschen schrumpfen zu verlorenen, einsamen Gestalten und gleichen jenen winzigen Figürchen, die Giacometti zu Beginn der vierziger Jahre in Genf gefertigt hat. 1945 übersiedelt er sie nach Paris – in Streichholzschachteln. Dort beginnen sie zu wachsen, je weiter sich der Künstler von ihnen entfernt. Sie werden größer und größer, als müssten sie in den Himmel schießen, um die Welt wirklich zu sehen. Ihre Blicke gehen über die Häuser und Berggipfel hinaus und kehren dann nach innen zurück, in Landstriche jenseits von Zeit und Raum. Diese Körper aus Bronze haben nicht Glattes, Gefälliges. Die Landschaften der Haut sind rau und schrundig, eine schwer zu erkundende Gegend.

Wen zieht es heute nach Stampa? Das Haus, in dem die Giacomettis jahrzehntelang gewohnt haben, ist längst verkauft. Es verkommt immer mehr, Feuchtigkeit kriecht die Mauern hinauf, der Anstrich verwittert. Dem danebenliegenden Atelier geht's nicht besser. Die Fensterscheiben sind schmutzig, die Balken des Stadels trocken wie Zunder. Die Büsche im kleinen Vorgarten wurden schon lange nicht mehr geschnitten. Wer hat die Geranien auf die Stufen gestellt, die von dort auf den Balkon und ins Innere führen? »Atelier di maestri pittori-scultori Giovanni Giacometti 1868–1933, Alberto Giacometti 1901–1966« lese ich unterhalb der Fensterstöcke. Ins morsche Holz geschnitzte Lettern, kaum mehr zu erkennen. In ein paar Jahren werden sie verschwunden sein. Früher war es möglich den Raum zu besichtigen, doch das scheint vorbei. Das Atelier ist leer.

Ein paar Häuser weiter die Ciäsa Granda, ein Heimatmuseum, untergebracht in einem prächtigen Bergeller Haus. Dort hat man die Sala Giacometti-Varlin eingerichtet, mit Bildern und Fotos von Giovanni, Augusto, Alberto und Diego Giacometti und von Varlin, der jahrelang in Bondo unterhalb von Stampa gelebt hat. Doch sonst?

Wer das Geburtshaus von Alberto Giacometti in Borgonovo sucht, findet es nur schwer. Keine Tafel, kein Hinweisschild, nichts. Und selbst das Grab wirkt öd. Die Büste »Elie Lotar III«, an der Alberto Giacometti bis zuletzt gearbeitet hat, ist verschwunden. Sicherheitsvorkehrungen, aus Angst vor Grabräubern. Als die kleine Bronzetaube, die Diego Giacometti für seinen toten Bruder entworfen hatte, gestohlen wurde, hat man auch die Skulptur entfernt und in die Ciäsa Granda gebracht. Auf dem Granitblock liegen kleine Steinchen, wie auf jüdischen Gräbern. Botschaften? Wir waren da, wir sind da. Die Grabtafel aus Bronze verwittert, verändert sich durch Regen und Schnee, erzählt Geschichten, die sich unaufhörlich verwandeln und kein Ende finden. Das hätte Alberto Giacometti gefallen: nichts Abgeschlossenes, Endgültiges. Mit den Jahren ist es ihm immer schwerer gefallen seine Arbeiten fertig zu stellen. Viele seiner Skulpturen hat er zerstört, nicht mutwillig, wie er sich rechtfertigte: nur so könne er weiterkommen. »Ich sehe meine Figuren vor mir. Jede, auch die scheinbar vollendete, ein Fragment, ein Versagen. Aber in jeder ist etwas von dem vorhanden, was ich eines Tages schaffen möchte.« Eines Tages. Ahnt er, dass ihm nicht mehr viel Zeit bleibt, als er eines seiner letzten Gedichte schreibt?

Das alles bedeutet nicht viel,
die ganze Malerei, die Skulptur, das Zeichnen,
Schreiben, oder vielmehr: die Literatur.
Das alles hat seinen Ort
und mehr nicht.

Der Versuch ist alles,

wie wunderbar!

Mit den Drachen tanzen

Geschichten aus dem Feuerhaus: Engadiner Volkskultur

> *»Cun ferma voluntà s'ais bun perfin da vendscher il dragun.«*
>
> *»Mit starkem Willen kann man sogar den Drachen besiegen.«*
>
> *Hausspruch aus Guarda*

Eine kleine Kirche, auf beinahe zweitausend Metern Höhe. Wie ist sie hierher gekommen, wer hat sie heraufgetragen? Waren es Menschen, Feen, Geister? Oder ist sie vom Himmel gefallen? So wird's wohl gewesen sein. Die Bergkirche in Crasta hoch oben im Fextal erscheint mir jedes Mal wie ein Wunder.

Wie immer bin ich zu Fuß aus Sils bergauf gestiegen. Zuerst durch die Drog-Schlucht der Fedacla entlang, dann über eine Felsstufe zu den Wiesen von Platta, wo sich das Fextal öffnet. Eine besondere Gegend, selbst jetzt, an diesem trüben Dezembertag. Der Schnee ist ausgeblieben, drunten am Silser See gibt's das Schwarzeis, wie es heißt: Der See ist zugefroren, die Eisdecke durchsichtig wie Glas. Alle zehn Jahre, höre ich von den Einheimischen, komme das vor: wenn es schnell friert und in dieser Zeit keine Niederschläge fallen. Gespenstisch, auf diesem Eis zu gehen und dem See auf den Grund zu schauen, unheimlich, aber schön.

Hier oben in Platta ist vom See nichts mehr zu sehen. Die Hänge wirken öd, als ob ihnen die weißen Daunendecken fehlten. Die alten Bauernhäuser haben Ställe, doch die sind leer. Städter haben sich hier eingekauft, hinter vorgehaltener Hand nennt man prominente Namen, Dirigenten, Theaterdirektoren, Musiker. Diskretion ist ein Gebot. Dann eine weitere Steigung, Crasta: Ein paar Häuser, auf einem kleineren Plateau verstreut, zwei Gasthäuser, Wegweiser in alle Richtungen, bergauf- und taleinwärts Richtung Curtins. Die kleine Bergkirche von Crasta, von einer breiten Mauer umschlossen, liegt da wie eine Enklave, denke ich mir, als ich die hölzerne Tür zum Kirchhof öffne. Einfache Gräber rund um den sieben Meter langen romanischen Bau. Er ist weiß getüncht, mit Steinen gedeckt. Die Proportionen zwischen Mauern, Dach und Glockenturm stimmen perfekt.

Die Kirche ist geschlossen. Der Schlüssel, lese ich, liege nebenan, im Hotel Sonne oder in der Pension Crasta. Ich habe die Kirche noch nie offen vorgefunden. Kommt niemand hierher zum Beten? Die Kirche von Fex-Crasta hatte nie einen eigenen Geistlichen. Der Pfarrer von Sils, so eine Verordnung von 1573, musste sich des Sommers jeden dritten Sonntag im Monat heraufbemühen, um zu predigen. Bei gutem Wetter auch im Winter. Im Fextal lebten reiche Bauern, wie die Quellen wissen. Fruchtbare Heuwiesen und Viehweiden führten zu Wohlstand. Wieso sollte man sich da nicht auch eine Kirche leisten?

Wann mit dem Bau begonnen wurde, lässt sich nicht mehr eruieren. Der frühromanische Stil ließe auf das 11./12. Jahrhundert schließen. Die Siedlungsgeschichte des Tales spricht dagegen. Erst seit dem 13. Jahrhundert wird das Fextal ganzjährig bewohnt. Wann die Fresken entstanden sind, gilt als weiteres Rätsel. Das Exvoto spricht von 1511, Kunsthistoriker halten sie für etwas älter. Bereits gute fünfzig Jahre später wurden sie übertüncht, von der Reformation zum Verschwinden gebracht. Teile der Wandmalerei hat man 1928 und 1967 wieder entdeckt und freigelegt. Reiche, vielfältige Darstellungen: Mariae Verkündigung in einer italienischen Hügellandschaft, Gottvater, Sohn und der Heilige Geist im Zentrum der Apsis, dazu ein Loreto-Bild, drei heilige Jungfrauen und Märtyrerinnen – darunter Margarethe mit dem Drachen –, ein Apostelfries, die Büsten der Propheten in der Chorbogenleibung, der Schmerzensmann, der sich in seinem Grab aufrichtet. Einmal mehr suche ich meine Lieblingsstelle: Unter dem Fenster hat man eine quadratische Nische für Kelch und Kerzenständer eingelassen. Darunter eine weitere Nische, eine gemalte, und darin zwei Messkännchen, kaum mehr zu entdecken. Eines der frühesten Stillleben dieser Region.

Fresken von hoher Farbigkeit und Suggestion, die mehrere Handschriften spiegeln. Sie wurden von Künstlern einer lombardischen Wanderwerkstatt geschaffen, wie man vermutet, oberitalienische Baumeister, Bildhauer und Maler, die an vielen Orten des Engadins gearbeitet haben. Ihre Namen sind verschwunden, doch die romanischen und gotischen Kirchen der Gegend hüten ihre Künste als Vermächtnis: San Gian in Celerina, St. Maria in Pontresina, die Kirche von Lavin oder S. Martino in Bondo. Nicht zu vergessen das Münstertal südöstlich von Zernez mit seinen gotischen Kirchen und dem Kloster St. Johann Baptist in Müstair selbst: Dort fügen sich Planta- und Tortürme, Bischofsresidenz mit Wirtschaftsgebäuden und Ställen, die doppelgeschossige Heiligkreuzkapelle aus der Zeit um 1160 und die Klosterkirche mit ihren Fresken, Skulpturen und Reliefs zu einem eindrucksvollen Ensemble zusammen. Kunsthistorische Juwelen, von der UNESCO längst als Weltkulturerbe gewürdigt.

Und doch: Wieso empfinde ich die Bergkirche von Fex-Crasta als etwas so Besonderes? Durch die Farbigkeit und Vitalität der Fresken, die Lage der Kirche in einem der hintersten Winkel der Alpen, wegen der Geschichte ihrer Entstehung? Selbstbewusst ist man in dieser Gegend allemal. Die Engadiner Dörfer strotzen vor Eigenart. Kein Haus wie das andere: krumme Mauern, windschiefe Dächer, willkürlich versetzte Fensterachsen. Senkblei, Wasserwaage, Winkelmaß? Genauso unnötig wie Baupläne. Bauern und Handwerker vertrauten ihrem inneren Auge und dem Gespür für Proportionen und architektonische Gesetzmäßigkeiten. Eine Bauweise, die sich der Landschaft angepasst hat, dem hügeligen Gelände und der Größe der benachbarten Gebäude. Im Gefüge des Ortes stehen mehrere Häuser in *terzals* zusammen, Dörfer im Dorf, um die Brunnen geschart. Häusergruppen wie Lebensgemeinschaften: Man liebt und zankt sich lauthals und weiß, dass man zusammengehört.

Ein Haus ähnlich aufgebaut wie das nächste: Eine gepflasterte Rampe führt zum Eingang. Daneben steht die Holzbank, Treffpunkt nach Feierabend. Das Tor ins Innere gleicht einem großen Maul. Es ist selten ganz offen, nur wenn Wagen ein- oder ausfahren. Bewohner und Besucher benützen eine Tür in der Tür, die in einen Vorraum führt, den *piertan*: ein Vorhof, wo Geräte und Wagenpark lagern und das Holz für den Winter. Von dort betritt man die *stüva*, einen mit Arvenholz (Zirbelkiefer) getäfelten, niedrigen Wohnraum mit Tisch, Eckbank, Sesseln, dem Buffet, dem Herrgottswinkel, einer Durchreiche zur Küche. *La chadafö* – das Feuerhaus, wie man den rauchgeschwärzten Raum allerorts nennt: eine gepflasterte Höhle mit einem Gewölbe, unter dem in früheren Zeiten gesotten und gebraten, gewaschen und geräuchert wurde. Gegessen wird in der *stüva*. Geschlafen auch: Zu beneiden, wer seinen festen Platz auf der Ofenbank ergattert. Die eigentlichen Schlafräume sind im ersten Stock. Man erreicht die obere Etage über eine Treppe im Vorraum – oder eine Hühnerleiter hinter dem Ofen, die über eine Falltür fast direkt ins Federbett führt. Das obere Geschoss hat neben den Schlafkammern oft noch eine *stüva bella*, den Stolz der Familie: besonders schöne Möbel und Bilder, das Spinnrad, das eine oder andere Regal mit Büchern. Vom Erker aus lässt sich das Treiben auf der Gasse beobachten.

Zurück in den *piertan*. Hinter der Küche liegen die Speisekammer und die Tür zur Scheune mit dem Dreschplatz, den Heuräumen, dem Roggen- und Gerstenstroh. Nun noch in den Keller, wo Käse und Kartoffeln lagern, und dann in den Stall. Ihn betritt man über ein Treppe im *piertan* oder von außen, durch einen Torbogen unterhalb des Eingangs. Menschen und Tiere unter einem Dach.

Die Fenster zur Welt sind klein, fast wie Schießscharten, die Mauern dick: Wer diese Häuser gebaut hat, weiß, wie man Kälte und unliebsamen Besuch aussperrt. Dass sie nicht abweisend wirken, liegt an ihrem Gesicht: *la face*, die Fassade, reich verziert mit Bildern und Sprüchen. Leicht haben sie's nicht, die Fassaden im Engadin: Stürme und Regen, Schnee und Kälte verrichten ihr zerstörerisches Werk, auch an den Malereien, die unter dem Wetter zu leiden haben. War das der Grund, weshalb man zu den Sgraffiti gewechselt hat? Sgraffiti sind Kratz- oder Ritzzeichnungen, die aus Italien kommend auch im Engadin heimisch wurden. Eine einfache Technik: Der meist graue oder rötliche Unterputz wird mit dick angesetzter Kalkmilch überstrichen und aus dieser hellen, noch feuchten Schicht mit Hilfe eines Nagels oder Stahlstifts ein Ornament herausgekratzt. Die Zeichnungen sind Teil des Mauerwerks und haben Bestand, manche sind über dreihundert Jahre alt.

Die Engadiner Häuser sind keine grazilen, feinen Gebäude. Und doch wirken sie alles andere als behäbig oder plump. Die Sgraffiti überlisten das Auge, schaffen neue Perspektiven, erinnern an den Süden. In den Putz geritzte Quader und plastisch schraffierte Mauersteine, Säulen und Pilaster, kunstvolle Simse und raffinierte Einfassungen der Portale verleihen den Häusern eine Leichtigkeit und Eleganz, die ihrer eigentlichen Bauweise gar nicht entspricht. Anleihen bei der italienischen Renaissance und dem deutschen Barock zwischen findigen Eigenkreationen. Friese verhelfen den kleinen Fenstern zu optisch neuer Größe, dekorative Bänder zwischen den Stockwerken und Sprüche über dem Haustor und unter dem Giebel nehmen den Fassaden ihr breites, flächiges Gesicht.

Diesmal bin ich im Winter nach Guarda gekommen. In der Dunkelheit wirken die Berge höher, die Täler enger, die Winde rauer. Die Tagesausflügler sind abgezogen, die Einheimischen in ihren Häusern. Es ist still. Und doch fühle ich mich nicht allein, als ich langsam durch die vereisten Straßen tappe. Die Häuser sprechen, jedes erzählt mir eine Geschichte, in Rätoromanisch und Latein, hin und wieder Deutsch, manchmal sogar Französisch. Mal laut, mal leise, die Tonarten wechseln: Sinnsprüche, Aphorismen und Gebete breiten sich auf den bunt gefärbelten Fassaden aus und spiegeln Lebenslust, Gottesfurcht, irrationale Ängste. »Solange die Rose frisch und schön ist«, versuche ich zu übersetzen, »riecht sie gar gut. Aber wenn sie mit der Zeit verblüht ist, wollen sie nur wenige, man vergisst sie. So machen es auch die geizigen, stolzen Herrschaften mit ihren Bediensteten.« Oder, ein paar Gassen weiter:

»Wir bauen schöne Häuser auf
und wissen, dass wir hier nicht in Ewigkeit
wohnen können,
aber der Ort, wo wir uns für immer niederlassen,
an den denken wir nur ganz selten.«

Als müssten die Sprüche den menschlichen Übermut bändigen. Eine ironisch-verspielte und zugleich abgründige Sprache, umgeben von Zeichnungen, die das Fürchten lehren. Ich schaue genau hin und lasse mich hineinziehen in die Welt der Götter, Dämonen und Fabeltiere. Wo habe ich dies alles schon mal gesehen?

Kreuz und Spirale, Quadrat und Dreieck, die mich an Mandalas und Meditationsbilder erinnern, Sonnenzeichen, wie ich sie von den Sumerern, Phöniziern und Kelten zu kennen meine, Fruchtbarkeitssymbole wie Muscheln und Perlen, Lebensbäume, Pentagramme und Hexenschlingen. Wundersame Verbindungen zwischen Himmel und Erde, den Kulturen und Religionen aller Kontinente. Spuren der Kaufleute, Pilger und Kreuzfahrer, die hier durchgezogen sind?

Häuser bekommen Stimmen. Sie mahnen, drohen, raunen. Höre ich sie lachen? Ahnungen von Alpträumen und fantastischen Abenteuern, die durch meine Nächte ziehen werden, springen mich jetzt schon an, während ich durch die Straßen wandere und mich in diese rätselhafte Welt der Malereien und Zeichnungen hineinziehen lasse. Ich verstehe längst nicht alles, was ich da sehe und höre, taste mich die fremden Zeichen und Wegmarken entlang. In den Wellenbändern unter den Dächern sehe ich Wasser fließen. Ohne das Wasser kein Leben – und kein Tod. Jeder, der stirbt, lese ich später in einem Buch, muss seine Seele von allem Dunklen befreien und säubern, ehe er sie gen Himmel schickt. Aus Angst, die tote Seele könnte bei dieser Reinigung das Wasser im Haus vergiften, wurden früher beim Tod eines Menschen alle Gefäße ausgeleert. Was bleibt, ist das geritzte Wellenband: Dort findet die Seele Wasser, um darin zu baden.

Venussterne verbünden sich mit Sonnenwirbeln, die Erde mit dem Feuer, Frauen mit Männern. Wer umgarnt wen? Vögel übermitteln geheime Botschaften, Nixen bewachen Brunnen und Quellen und wehren böse Geister ab. Steinböcke liegen sich in den Hörnern, Drachen kriechen gefährlich träge über die Fassaden, fletschen die Zähne, speien Feuer. Wem dienen sie? Nur wer sie achtet, erfahre ich, dem helfen sie: Der Drache beschützt den Weg zum Lebensbaum, er hütet Geheimnisse, die nicht für den Menschen bestimmt sind. Sein Feuer kann wärmen, aber auch zerstören. Ihn in Zeichnungen zu beschwören, bannt das Böse. *Cun ferma voluntà s'ais bun perfin da vendscher il dragun,* lese ich auf einem der Häuser, mit starkem Willen könne man sogar den Drachen besiegen.

Auch Sagen und Märchen verstricken sich tief in das bedrohlich Fremde, um Kleinmut und Furchtsamkeit zu vertreiben und zu warnen vor den Mächten des Bösen. Wer hat sie schon gesehen, die wunderbaren Bergjungfrauen vom Julier? Sie strafen den, der ihnen nicht gehorcht. So wie den jungen Mann, der einer der Schönen versprochen gewesen sein soll. Als er sein Gelübde bricht und eine andere heiraten will, verfluchen sie ihn. Seither irrt der Arme ruhelos von Berg zu Berg, ruft nach der schönen Fee und findet sie nicht mehr. Und wer kennt sie nicht, die Sage vom raffgierigen Schmied, der einen Gesellen mit einer glühenden Eisenstange ins Herz sticht, als sich dieser mit einer eigenen Schmiede selbständig machen will. Doch der Mörder wird seines Lebens nicht mehr froh, Reue und Verzweiflung verfolgen ihn, bis er sich schließlich selbst die Kehle durchschneidet. Was von seiner Schmiede geblieben ist? Die Ruinen eines verfallenen Hauses am Albula. Hier ist nicht gut sein.

Die Geschichten künden von Verrat und Treuebruch, sie verneigen sich andächtig vor einer Natur, die den Menschen versklavt und unterwirft. Eine Welt voll mit Fratzen, Bocksfüßen, Teufelskrallen, Feen und Quellgeistern. In jedem dieser Abenteuer steckt die Katharsis. Geister zu vertreiben bedeutet harte Arbeit. Der Jahreskreis steckt voller Bräuche und Rituale, die gegen das Dunkle, Irrationale ankämpfen und Ängste verscheuchen.

L'Hom Strom ist so ein Fest. Am ersten Samstag im Februar ziehen in Schuls die Kinder von Haus zu Haus, um Roggenstroh zu sammeln, das mit Hilfe einer Stange zu einer acht Meter hohen und zwei Meter dicken Figur gebunden wird. Diesen Strohmann, den *hom strom,* postiert man auf einer Wiese außerhalb des Dorfes, bewacht ihn bis zur Dunkelheit, ehe er in Flammen aufgeht. Ein heidnisches Fest, um Dämonen zu verjagen, eine archaische Lichtmess-Feier.

Ein paar Wochen später dann der *Chalandamarz*: Eigentlich ein Neujahrsbrauch, bis die Römer den julianischen Kalender einführten und den Jahreswechsel vom 1. März auf den 1. Januar vorverlegten. Den Engadinern war das egal – sie feiern weiterhin am 1. März. *Calendae* heißen die ersten Tage jedes Monats und davon leitet sich auch der Name dieses Märzfestes ab: *Chalandamarz*. Kinder binden sich Kuhglocken um und ziehen mit diesen Schellen lärmend durchs Dorf. Die Gespenster des alten Jahres sollen vertrieben und die des neuen das Fürchten gelehrt werden. Ein uralter Brauch, den mittlerweile Kinder aus aller Welt kennen. Das Märchen vom »Schellenursli«, gezeichnet von Alois Carigiet und nachgedichtet von Selina Chönz, hat die Geschichte weit über das Engadin hinausgetragen.

Sie ziehen hinein in jedes Haus
und schellen dort den Winter aus;
Dazu ertönen ihre Lieder
und grüßen froh den Frühling wieder.
Zum Danke füllt man ihre Glocken
mit Nüssen, Schnitz und Kuchenbrocken.

Noch berühmter die *Schlitteda*, der einstige Heiratsmarkt, eine muntere Kuppelei. Früher waren es die Unverheirateten, die sich auf diesen Schlittenfahrten fernab der Blicke der Eltern und des Pfarrers kennen lernen und vergnügen durften, heute ziehen ganze Dörfer gemeinsam los. Man hat Musik dabei, Glühwein und Gebäck und lässt den Tag nach der Heimkehr beim *Schlitteda*-Ball ausklingen.

Kaum ein Ort im Engadin, der nicht mit *Schlitteda* oder *Chalandamarz* wirbt. Ein Brauch wird gebraucht. Mit dieser Vermarktung uralter Traditionen verrate man die eigenen Wurzeln, wettern die einen, man verliere die Verbindung zu Herkunft und Vergangenheit, mit den Untiefen des Unbewussten. Ganz im Gegenteil, nur so, antworten die anderen, rette man das Brauchtum. Schließlich brächten die Touristen neben Interesse auch Geld und das sei nötig, um die Feste zu organisieren. Doch was ist Show – und was gelebte Tradition? Und was bleibt den Engadinern selbst? Die Jagd, wie es immer wieder heißt, da zumindest sind sie für sich. Allein mit sich, den Füchsen und Steinböcken, Einhörnern und Drachen, mit den eigenen Dämonen, die hinter den Felsvorsprüngen hocken.

»Man schaut sich um, und man schließt vorschnell, dass dieses sterile Paradies seinen Untergang in sich trägt und dazu bestimmt ist, zu verschwinden«, lese ich bei Eugenio Montale übers Engadin. »Es trägt viele gefährliche und stille Schlangen in sich.« Und weiter: »Engadinerluft: diese trockene, elektrische, erregende, dünne Luft, die den Wahnsinn fördert. […] Aber auf dem Maloja, in Sils und St. Moritz kann die Flucht aus den lästigen Grenzen der menschlichen und irdischen Körperlichkeit vollständig sein; hier kann man das Leben einatmen, jede andere Bindung fallen lassen und sogar die eigene, konkrete und festgelegte

Maske vergessen.« Die Maske ablegen, die Haut durchlässig machen, den Panzer abschütteln. Und dann mit dem Drachen tanzen. *Buna notg!*

Im Lande der Verheißung

Friedrich Nietzsche in Sils-Maria

> *»Mir ist, als wäre ich im Lande der Verheißung. Hier will ich lange bleiben.«*
> FRIEDRICH NIETZSCHE,
> *Brief an die Schwester, 24.6.1879*

Ganz geheuer ist er ihnen bis heute nicht. Friedrich Nietzsche, das sei doch ein Spinner gewesen, hört man: umhalste in Turin auf offener Straße ein Pferd, schimpfte, schrie, weinte. Und nur, weil er beobachtete, wie das Tier von seinem Besitzer misshandelt wurde. Klar, dass so einer in der Irrenanstalt landen musste. Die Silser bleiben skeptisch, um nicht zu sagen: ablehnend. Friedrich Nietzsche, der sei verrückt gewesen, heißt es rundum, und eigentlich hätte man seine Misere ohnehin lange vorher kommen sehen.

Schon damals, während seiner Silser Sommer, war Nietzsche immer wieder aufgefallen: wanderte durch die Landschaft, oft mit einem Sonnenschirm, redete wirres Zeug mit sich selbst, war häufig nicht ansprechbar. Die Geschichten davon haben bis ins 21. Jahrhundert überlebt. Ein Irrer, keine Frage, und solche Typen kann man hier nicht brauchen. Oder doch?

»Sils – hier glaubte ich, die gebündelte Kraft

des Universums zu verspüren. Sie hat mich durchwebt, als sei ein reiner Geist zugegen, ein Gott sogar«, lese ich in einem der Prospekte des Ortes. Wer bliebe da unbeeindruckt? Nicht jene Klientel, die man in Sils-Maria umgarnt: Gäste, die über All-Inclusive-Clubs und die Animationsprogramme der Freizeitindustrie die Nase rümpfen. In Sils finden sie das, was sie suchen: die ruhige, kultivierte Sommerfrische, den gediegenen Winterurlaub. Das weiß der Kurverein und kümmert sich um seine geistige Barschaft, um Zitate aus Nietzsches Schatzkästchen und Bilder vom Nietzsche-Haus. Kapital wie dieses bringt sichere Zinsen.

Im Juli 1985 ziehe ich für einige Wochen im Nietzsche-Haus ein, mit einem Rucksack, Wanderschuhen, einer Tasche mit Büchern und Notizen. Ein junger Mann aus Zürich, dem ich in Innsbruck, später Berlin begegnet bin, hat mich zu diesem Silser Sommer überredet und kurzerhand ein Zimmer für mich bestellt. Unwiderstehlich? Ich richte mich im Alkovenzimmer in der ersten Etage ein: fünfzehn Quadratmeter, ein Bett in einer holzgetäfelten Nische, Kommode, Schrank, Waschbecken, eine Chaiselongue, ein Sessel. Der kleine Schreibtisch steht direkt am Fenster. Mein Blick fällt auf eine Felswand und Wasser, das die Steine entlang läuft und im Gras versickert, auf Moos und kleine Butterblumen. In diesen Wochen arbeite ich an meiner Dissertation über Arthur Schnitzler – und lerne den jungen Mann aus

Zürich näher kennen, der das Zimmer unter mir gemietet hat und jeden meiner Schritte verfolgt.

Arthur Schnitzler, dessen Briefe und Tagebücher ich in dieser Zeit durchforste, kannte das Engadin von mehreren Reisen. Wie nah ihm Nietzsche dabei gekommen ist? Nicht besonders. »Nietzsche!«, so Arthur Schnitzler am 21.7.1891. »Bei keinem hab ich noch so tief empfunden, dass es etwas gibt, was ich *nicht* werden kann.« Der Philosoph bleibt ihm fremd. Und auch meine Beziehung zu Nietzsche geht in diesen Tagen über Neugier und die Lektüre des »Zarathustra« nicht weit hinaus. In jenem Silser Sommer, da im Zimmer unter mir eine Erzählung über den »Tod Weidigs« entsteht und in meiner Kemenate ein neues Kapitel über das Verhältnis von Arthur Schnitzler zu seiner Freundin Hedy Kempny, bin ich im Nietzsche-Haus eine Außenseiterin. Fünf Zimmer sind vergeben, in den meisten Betten schlafen Menschen, die Nietzsche als Halbgott verehren und sich aus allen Himmelsrichtungen zusammenfinden, um dem Genius Loci zu huldigen.

Eine seltsame Gesellschaft, wie die Silser heute noch meinen. »Das Nietzsche-Haus ist immer noch exterritorialer Bereich der Gemeinde«, spürt Joachim Jung. Zusammen mit seiner Frau, Mirella Carbone, ist er Kustos des im Nietzsche-Haus untergebrachten Museums. »Das ist ein besonderer Bezirk hier, den kaum je ein Einheimischer betritt.« Die Tür ist schmal, das Haus klein. Zweihundert Jahre alt, vier Zimmer auf jeder Etage, eine kleine Wohnung im Souterrain, Geranien vor den Fenstern, grüne Läden, ein Steindach. Früher mal war im Haus Durisch, wie es hieß, ein Spezereienladen untergebracht, in dem man alles Mögliche kaufen konnte: Reis, Seife, Cornedbeef, englische Biskuits. Ein kleines Geschäft mit angeschlossener Fremdenpension. Ob die Durischs geahnt haben, wen sie da beherbergten?

»Ich möchte Geld genug haben, um hier eine Art ideale Hundehütte zu bauen«, hatte sich Nietzsche 1883 gewünscht. »Ich meine ein Holzhaus mit zwei Räumen; und zwar auf einer Halbinsel, die in den Silser See hineingeht. [...] Hier wohnen *meine* Musen.« Daraus wurde nichts. Statt dessen mietet er sich bei den Durischs über dem Verkaufsraum ein. Ein bescheidenes Zimmer, ein Franken pro Tag. Der Raum ist nicht beheizbar, dunkel und schattig. Um ihn wohnlicher zu machen, lässt ihn Nietzsche tapezieren, auf eigene Kosten. Kleine Mahlzeiten hat er hier eingenommen, zum Abendessen bemüht er sich ins benachbarte Hotel Edelweiß oder in die Alpenrose. Unordentlich sei's gewesen in dieser bescheidenen Unterkunft, erinnert sich Nietzsches Freund Paul Deussen, ein Durcheinander von Kaffeetassen und Eierschalen, Manuskripten und Toilettengegenständen, das Bett ungemacht.

Das Nietzsche-Zimmer im ersten Stock ist bis heute Herz des Hauses geblieben. Dass es überlebt hat, erstaunt: Hier wohnten Bauarbeiter und Handwerker, nachdem das Haus verkauft worden war. Sie ließen die Räume verkommen. Ende der fünfziger Jahre sollte das Gebäude dann renoviert und in einen gewerblichen Betrieb umgewandelt werden. Doch das wollte die Nietzsche-Gemeinde nicht zulassen. Man trieb das Geld auf, um das Haus zu kaufen, installierte eine Stiftung. Der Raum in der ersten Etage wurde wieder so eingerichtet, wie er dereinst möbliert gewesen sein dürfte. Ein magischer Ort? Manch einer würde sich nichts mehr wünschen, als einen Tag oder eine Nacht in Nietzsches Kammer zu verbringen. Auf dass der Funke des Genies auf einen überspränge. Doch eine Kordel soll Eindringlinge fernhalten.

Meinem ersten Sommer im Nietzsche-Haus folgen vier weitere. Doch da wohne ich nicht mehr in meinem Zimmer im ersten Stock, sondern im Souterrain, wo zwei etwas größere Zimmer direkt nebeneinander liegen. Der junge Mann und ich wollen uns nicht mehr von einer knarrenden Holztreppe trennen lassen. Der Silser Sommer, in dem wir arbeiten und wandern, wird zur Institution. Vom unteren Geschoss aus können wir das Treiben über unseren Köpfen aus der Distanz beobachten. Jedes Jahr das gleiche Theater: Im Nietzsche-Haus treffen sich des Philosophen Jünger, ein leidenschaftlicher, leicht versponnener Verein, der in der Gemeinschaftsküche seine Versammlungen abhält. Jenseits des Herdes und des offenen Kamins geht es heiß her, bei den mit Verve geführten Gesprächen über entlegenste Details des nietzscheanischen Mikrokosmos. Während sich des Philosophen Gefolgschaft in den Armen liegt und gleichzeitig befetzt, huschen Anthroposophinnen durch die Küche, um sich einen Lavendeltee zu brauen, ein paar Nüsse zu knabbern und die am Wegesrand gesammelten Blümchen zu versorgen. Ab und zu der kurze Gruß eines Professors und einer Studentin, die sich nur kurz blicken lassen und dann in ihrem Zimmer verschwinden.

Und die Küche heute? »Wir schätzen das gar nicht, das weihevolle Verhältnis zu Nietzsche«, erklärt Joachim Jung ganz dezidiert. »Wir wollen ihn entmythisieren, ihm offener begegnen.« Und: »Der Nietzsche-Klüngel löst sich ohnehin langsam auf. Wir begegnen Nietzsche mit Humor.«

Friedrich Nietzsche reist Ende Juni 1879 zum ersten Mal ins Engadin. Wegen schwerer Krankheit hat er seine Professur in Basel aufgegeben, nun erhofft er sich in der klaren Bergluft Ruhe und Linderung seiner quälenden Schmerzen. »Mir ist, als wäre ich im Lande der Verheißung [...] Zum ersten Male Gefühl der Erleichterung [...] Es tut gut. Hier will ich lange bleiben«, schreibt er seiner Schwester. Und seinem Freund Peter Gast 1881: »Das ist keine Schweiz, kein Recoaro, etwas ganz anderes, jedenfalls etwas viel Südlicheres – ich müsste schon nach den Hochebenen von Mexiko am Stillen Ozeane gehen, um etwas Ähnliches zu finden (zum Beispiel Oaxaca) und da allerdings mit tropischer Vegetation. Nun, dies Sils-Maria will ich mir zu erhalten wissen.« Nochmals an Peter Gast im Juli 1883: »Nun habe ich wieder mein geliebtes Sils-Maria im Engadin, den Ort, wo ich einmal sterben will.« Zwischen 1881 und 1888 verbringt Nietzsche die Winter in Italien und fast alle Sommer in Sils-Maria.

Fruchtbare Wochen und Monate. In seinem Zimmer arbeitet er in ungewohnter Konzentration, von hier aus bricht er zu stunden- und tagelangen Wanderungen auf. Zu eben jenen Spaziergängen, die von den Silsern so argwöhnisch beäugt werden. Theodor W. Adorno hat Herrn Zuan noch gekannt und der wiederum konnte sich an Nietzsche erinnern: »Des Näheren befragt«, schreibt Adorno, »erzählte er, Nietzsche hätte, bei Regen wie bei gutem Wetter, einen roten Sonnenschirm getragen – anzunehmen, dass er davon Schutz gegen die Kopfschmerzen sich erhoffte. Eine Bande von Kindern, zu denen auch Herr Zuan gehörte, hatte sich ein Vergnügen daraus gemacht, ihm in den zusammengefalteten Schirm Steinchen zu praktizieren, die ihm, sobald er den Schirm öffnete, auf den Kopf fielen. Drohend wäre er dann mit gehobenem Schirm hinter ihnen hergelaufen, hätte sie aber nie erwischt. Wir dachten, in welche schwierige Situation der Leidende gekommen sein musste, der seine Quälgeister vergebens verfolgte und ihnen am Ende womöglich noch Recht gab, weil sie das Leben gegen den Geist repräsentierten; es sei denn, die Erfahrung realer Mitleidlosigkeit hätte ihn an einigen Philosophemen irregemacht.«

Nietzsche wandert weiter. »Gute Tage wollen auf guten Füßen gehen«, weiß er und geht und geht: »Sein Genie in die Füße bekommen.« Unterwegs notiert er seine Gedanken in kleine Notizbücher. Auf diese Weise konzipiert er Werke wie »Die fröhliche Wissenschaft«, »Also sprach Zarathustra«, »Jenseits von Gut und Böse«, den »Fall Wagner« oder »Götzendämmerung«. Die Landschaften um den Silser und den Silvaplaner See inspirieren ihn. »Die Wege, Wälder, Seen, Wiesen sind wie für mich gemacht«, begeistert er sich. »Ach, was liegt noch Alles verborgen in mir und will Wort und Form werden!«

Will und wird: Auch der zentrale Einfall für sein dichterisches Hauptwerk »Also sprach Zarathustra« sei ihm auf einer seiner Wanderungen zugeflogen, schreibt er in »Ecce Homo«: »Die Grundkonzeption des Werkes, der Ewige-Wiederkunfts-Gedanke, die höchste Formel der Bejahung, die überhaupt erreicht werden kann –, gehört in den August des Jahres 1881: er ist auf ein Blatt hingeworfen, mit der Unterschrift: ›6000 Fuß jenseits von Mensch und Zeit‹. Ich ging an jenem Tage am See von Silvaplana durch die Wälder; bei einem mächtigen pyramidal aufgetürmten Block unweit Surlej machte ich Halt. Da kam mir dieser Gedanke.«

Noch poetischer beschrieben im Gedicht »Sils-Maria« (1887):

Hier saß ich, wartend, wartend, – doch auf
Nichts,
Jenseits von Gut und Böse, bald des Lichts

Genießend, bald des Schattens, ganz nur Spiel,
Ganz See, ganz Mittag, ganz Zeit ohne Ziel.

Da, plötzlich, Freundin! wurde Eins zu Zwei –
– Und Zarathustra ging an mir vorbei …

Klar, dass an jener Stelle, da Nietzsche Zarathustra und dem Gedanken der Ewigen Wiederkehr begegnet ist, eine Tafel angebracht ist, und eine weitere auf der Chasté, der in den Silser See ragenden Halbinsel. Pilgerstätten für den Nietzsche-Aficionado, Orte mit einer speziellen Atmosphäre. Und Plätze, die Neugierige dann doch noch ins Nietzsche-Haus treiben. Dort locken eine Ausstellung, die des Philosophen Leben nachzeichnet, das Nietzsche-Zimmer und seine Studierstube, von Basel nach Sils übersiedelt und hier neu aufgebaut. Im ersten Stock dann eine Präsentation von Fotos und Kommentaren all jener Dichter und Denker, die der speziellen Ausstrahlung des Engadins verfallen sind, von Thomas Mann und Marcel Proust bis hin zu Karl Kraus und Walter Benjamin.

Auch die beiden Kustoden des Nietzsche-Hauses kommen nicht los von Sils-Maria. Über zehn Jahre sind sie schon da. Beide sind am Meer geboren und aufgewachsen: Joachim Jung an der Waterkant, Mirella Carbone in Sizilien. Nun leben sie 1800 Meter über dem Meer, an einem Punkt, der irgendwo in der Mitte zwischen Norddeutschland und Süditalien liegt. Wie viele Jahre es noch werden? Achselzucken. Sils hält sie gefangen. Und zu tun gibt es genug: Die Bestände der Nietzsche-Forschungsbibliothek im Dachboden des Hauses wollen erweitert, die alljährlichen Nietzsche-Kolloquien organisiert und betreut, die Feriengäste mit Vorträgen und Veranstaltungen versorgt werden. Und vielleicht gelingt es doch noch, die Silser aus der Reserve und auf neues Terrain zu locken?

Kaum ein Jahr, in dem ich nicht in Sils-Maria war. Inzwischen wohne ich längst nicht mehr im Nietzsche-Haus. Der junge Mann ist älter geworden, die Liebe zu einer Freundschaft. Wir verabreden uns regelmäßig in Wien und Zürich. Ein einziges Mal sind wir uns in Sils begegnet – zufällig im gleichen Hotel abgestiegen, beide nicht allein. »Krumm kommen alle guten Dinge ihrem Ziele nahe«, heißt es in Nietzsches »Zarathustra«. »Gleich Katzen machen sie Buckel, sie schnurren innewendig vor ihrem nahen Glücke, – alle guten Dinge lachen.«

Luft wie Champagner

Nippen, schlürfen, schlucken: die Grandhotels

»Wir sind hier restlos begeistert und schlürfen die Luft der Gämsen wie französischen Champagner.«

RICHARD STRAUSS

Der junge Mann kann es nicht erwarten. Als er 1904 ins Engadin reist, zieht es ihn gleich auf die Berge. Er schickt sein Gepäck zum Grand Hotel St. Moritz, wo er Zimmer bestellt hat, und stapft mit Wanderschuhen, Rucksack und Stecken Richtung Roseg-Gletscher los. Von dort steigt er zur Fuorcla Surlej auf, übernachtet in einer Hütte und wandert am nächsten Tag über den Hahnensee nach St. Moritz zurück. Es regnet. Als er im Grand Hotel ankommt, durchnässt und verschwitzt, fängt ihn der Chef de Réception in der Halle ab und setzt ihn auf die Straße. Rucksacktouristen seien hier nicht erwünscht, hört er, er solle sich davonmachen. Der junge Mann trollt sich. Er nimmt eine Kutsche nach Pontresina – und ein Zimmer im Hotel Saratz. Fortan wird er in keinem der Grandhotels von St. Moritz je wieder gesehen.

Eine Anekdote. Der junge Mann, von dem sie berichtet, heißt Richard Strauss und ist es gewohnt, in den besten Häusern zu logieren. Im Engadin hat er eine breite Auswahl. Schon ihre Namen klingen nach gedämpftem Murmeln in den Empfangshallen, nach dem Klingen der Champagnergläser, nach Salonorchester und intimer Barmusik: das Waldhaus in Sils-Maria, das Suvretta House und Badrutt's Palace in St. Moritz, der Kronenhof in Pontresina. Grandhotels in den Alpen. Kaum eine andere Region vermag eine ähnliche Dichte mondäner Paläste zu präsentieren. Hier residiert der Luxus.

Eine heilsame Gegend, das Engadin. Hirtenknaben hätten einst die wundersamen Quellen geortet, aus denen ein besonderes Wasser an die Oberfläche drängt, wollen Sagen seit Menschengedenken wissen. Alte Chroniken und jüngste wissenschaftliche Analysen geben sich kundiger. Im Unterengadin, zwischen Guarda und dem Tiroler Prutz, tut sich ein geologisches Fenster auf, eine fünfundfünfzig Kilometer lange und zehn bis zwanzig Kilometer breite Lücke in den Gesteinen der alpinen Decke. Und aus diesem ovalen Loch, so die einfachste Erklärung, sprudeln besondere Schätze, hochmineralisierte Säuerlinge. Ein wunderbar heilsames Wasser, wie man schon im Mittelalter wusste. Seit damals pilgern Kranke nach Schuls und Tarasp.

Ähnlich in St. Moritz. Auch dort hat man schon früh eine Quelle entdeckt, deren Wasser Linderung für vielerlei Leiden brachte. »Die Heilquellen sind die natürlichen Composita Gottes«, liest man in einem Gutachten aus dem

Jahr 1537, das Paracelsus persönlich erstellt hat. »Sie sind vollkommener an Tugend als alles andere. Ein acetosum fontale, das ich für alle preiß, ist im Engadin zuo Sanct Mauritz; derselbe Brunnen laufft im Augusto am säurigsten. Der desselbigen Trancks trincket, wie einer Artzney gebührt, kann von Gesundheit sagen.«

Die Kunde von erfolgreichen Kuren im Engadin läuft durch alle Lande. »Das Bad war gesund, schwanger wurden Frau, Magd und Hund«, berichtet der Landgraf von Hessen im 17. Jahrhundert, als immer mehr prominente Gäste die primitive Brunnenstube von St. Moritz-Bad bevölkerten. Der *Fögl Ladin* vermeldet 1809 in einer Notiz die unerhörte Zahl von 450 Kurgästen. 1832 wird ein Kurhaus gebaut, ein paar Jahre später entstehen die ersten Hotels. Zumal sich eine neue Einkunftsquelle abzeichnet: der Alpinismus. Wanderer und Bergsteiger erkunden die Berge und spüren im Engadin besonders vielfältige und imposante Abenteuerspielplätze auf.

Feste Bergschuhe, empfiehlt der Baedeker des Jahres 1905, nicht gefettet, sondern nur gewichst, dazu einen Stock mit Eisenspitze, ferner Pickel, Gamaschen, Schneebrillen, einen Anzug aus Wollstoff, Flanell- oder Jägerhemden, Wollstrümpfe und einen Lodenmantel. Und für die Damen: »Einen glatten, ungefütterten Rock mit Knöpfen und Patten zum Aufschürzen und eine warm gefütterte Jacke, dazu eine Flanellbluse für Touren und eine Seidenbluse fürs Quartier. Ganz praktisch sind Pumphosen, unter dem Rock getragen, der dann bei Klettertouren abgelegt wird. Leibwäsche aus roher Seide oder feinstem Flanell.«

Luxus in Fels und Eis. Lange Zeit kommen Gäste nur im Sommer. Im Winter schlafen die Engadiner Hotels, eine bequeme, aber auch öde Zeit. Das müsse sich ändern, beschließen deren Besitzer. Was also tun? Vieles wird anders, als der St. Moritzer Hotelier Johann Badrutt an einem seidigen Herbsttag des Jahres 1864 mit englischen Gästen auf der Terrasse seines Hauses sitzt. Im Winter, schwärmt er, sei der Himmel noch blauer, das Licht wunderbar gleißend und hart, die Luft noch viel prickelnder als jetzt. Doch niemand will ihm glauben. Da zettelt er eine Wette mit seinen Gästen an: Falls sie im Winter wiederkämen, könnten sie an jedem Sonnentag gratis bei ihm wohnen. Hand drauf! Im Dezember reisen die Briten neuerlich an. Sie bleiben drei Monate. Billige Ferien: kein Tag ohne Sonne. Badrutts Gäste bezahlen keinen einzigen Franken. Und doch ein Geschäft, das sich lohnt: Die Welt hat den Engadiner Winter entdeckt. Die Schotten bringen das Curling mit, die Norweger den Langlauf, die Schweden das Schispringen.

St. Moritz wächst. Ein Dorf wird zur Stadt, der Bäcker zum Patissier, der Metzger zum Traiteur. Juweliere aus Zürich, Genf und Paris drängen in den Ort, die Haute Couture kommt nach. Die regelmäßige Veröffentlichung der Gästelisten in nationalen und internationalen Zeitungen gilt als Visitenkarte des Ortes. »Baroness Böcklin is among the latest arrivals at the Savoy Hotel. – Es sind abgestiegen Gräfin Waldersee, Graf Franz Hubert von Tiele-Winckler mit Töchtern und Leibjäger, Gräfin Elsa Dönhoff mit Kammerjungfer, Berlin.« Baron Rothschild war da, der Bruder des Zaren mit seiner schönen Frau und Lord Curzon, der Vizekönig von Indien. Tout le monde. Und tout le monde will auch standesgemäß logieren, so wie in der großen weiten Welt.

Hotels à la Rosebud: vielstöckige Paläste mit mehreren Flügeln und Türmen, ausladende Terrassen, Veranden, Wintergärten, schmiedeeiserne Balkone, Entrees mit wuchtigen Säulen, Bäder aus Marmor, Stuck an den Decken der Ball- und Speisesäle, Luster, in denen sich das Licht wie in Schneekristallen spiegelt. Trutzburgen. Sie schließen das normale Leben aus. Jenseits der Portierslogen mag es Armut, Krankheit, kalte Stuben und den alltäglichen Überlebenskampf geben. Doch innerhalb der fest gefügten Mauern der Luxushotels sorgt ein ganzes Heer an Domestiken dafür, dass alles Graue und Schwarze wegpoliert und Trübes ausgesperrt wird. Orchideen von der Riviera, Hummer aus der Bretagne, Schokolade aus Brüssel, tausende Kilometer unterwegs für eine Klientel, die sich in St. Moritz, Pontresina oder Sils-Maria zu amüsieren sucht.

Die »Sorglosen« von St. Moritz, wie sie Stefan Zweig 1916 beschreibt, jene Reichen aller Nationen, die sich ungeachtet der Weltlage in die Höhe flüchten, um dort ihr »frommes Ritual, den Luxus abzuhalten«, sich zu ergehen in vornehmem Müßigang, während weit weg, hinter den sieben Bergen, der Erste Weltkrieg wütet. Polo, Hockey, Schlittenfahrten, ein Besuch beim Kürschner. »Satyrspiel des Abends nach der ewigen Komödie des Tages: Maskenball in einem der Luxushotels. Nein, die Sorglosen, sie langweilen sich nicht. Zuerst noch Fracks und Dekolletés in den hohen Sälen, Diamanten blitzen und die Blicke dazwischen, auf den Tischen lockt, was im Kriegsland der Verwegenste nicht mehr erträumt. Noch immer sitzen sie wie einst und spielen ihre Kinderspiele: Gesellschaft, Vornehmheit, Eleganz, Flirt. Europa stürzt in Trümmer. Die Zigeunerkapelle fiedelt. Der Tanz hebt an. Süße, weiche Takte, indes irgendwo jetzt Schiffe in die Tiefe fahren und Gräben gestürmt werden. Die Sorglosen tanzen den Mummenschanz der Nationen.«

Und heute? Man überwintert nicht mehr in Sils oder St. Moritz, die feine Gesellschaft bleibt nicht die ganze Saison, man kommt für ein paar Tage, um dann weiterzuziehen, nach Klosters oder Aspen, an die Costa Smeralda oder nach Marbella. Bridgedamen sind arbeitslos geworden, hoteleigene Bergführer Richtung Robinson Club abgezogen. Hotelschicksale: Das Hotel Alpenrose in Sils-Maria stand jahrelang leer, eine Ruine. Die Scheiben eingeschlagen, die Holzverschläge vor den Eingängen und Fenstern demoliert, das Mobiliar zerstört oder gestohlen. Eine Wunde, mitten im Ort. Vernarbt: Man hat das Hotel zu einer Apartmentanlage umgebaut. Das Chantarella in St. Moritz wurde abgerissen, vor dem Schloss- und Parkhotel in Pontresina parken die Busse des Club Med. Internationale Ketten haben sich eingekauft, managen ihre Betriebe vom zentralen Firmensitz aus. Ganz anders das Waldhotel in Sils-Maria, immer noch in Familienhand. Es trotzt den Zeiten, ein Flaggschiff über dem See, eine unverwüstliche Burg mit dem Charme der Belle Epoque.

Geschichte verschwindet dort, wo man sie nicht zu halten versucht. Will und kann man sich das leisten? Ein Hotelmärchen, eines von vielen, kommt aus Pontresina, aus einem Haus im Zentrum des Ortes. Es war einmal … eine Familie namens Saratz, die sich rühmte, eines der ältesten Geschlechter weit und breit zu sein. Ihre Wurzeln, behauptet man kühn bis heute, gingen auf die Sarazenen zurück, die im 10. Jahrhundert über Nordafrika bis in die Alpen vorgedrungen sein sollen. Von einer Ponte Saracino wollen Quellen wissen, die dem Ort den Namen gegeben habe, Pontresina oder Puntraschigna, wie der Ort auf rätoromanisch heißt. Stammsitz der Saratz ist die Chesa Veglia gegenüber der Kirche. Bereits 1865 hatte man hier die ersten Fremdenzimmer eingerichtet, zehn Jahre später nebenan ein Hotel eröffnet, erbaut von Gian Saratz, einem vielseitigen Schöngeist und passionierten Jäger. Bald schon findet er sein Haus in den ersten Reiseführern beschrieben: »Saratz, frei, in schöner aussichtsreicher Lage mit moderner Einrichtung, Bädern, angenehm geschütztem Garten und vorzüglicher Bedienung (Herr Saratz, ein gebildeter Alpen- und Naturfreund sowie Bergsteiger im Ruhestand, besitzt ein interessantes kleines Kabinett meist selbst erlegter Alpentiere)«, so das Reisetaschenbuch »Der Tourist in der Schweiz« von Iwan von Tschudi, Ehrenmitglied des English Alpine Club, 1884.

Kein Wunsch, den man dem Gast nicht erfüllte. Die Berge schicken die Fantasie der Gäste in immer luftigere Höhen. Man wünsche, eine Expedition auf den Piz Languard zu unternehmen, wird Gian Saratz um die Jahrhundertwende von einem englischen Ehepaar beschieden, er möge alles vorbereiten. Der Hotelier geht ans Werk, schickt Tisch und Stühle, Geschirr, Tafelsilber und Servietten auf mehreren Eseln bergwärts. Dazu zwei Köche, einen Kellner und einen Laufburschen sowie eine Vielzahl von Körben mit Essen und Getränken. Die ehrwürdigen Gäste selbst nehmen am Tag ihrer Tour in bequemen Gartenfauteuils Platz und lassen sich von acht Mann auf den Languard bringen. Dort, auf über dreitausend Meter Höhe, wird luxuriös getafelt. Dann geht's auf dieselbe Weise zurück. Bei der Rückkehr ist man müde. What a lovely day!

Nicht-Exzentriker essen im Tal, im Speisesaal oder auf der Terrasse des Saratz. Der »Luncheon« an einem ganz gewöhnlichen Sommertag, dem 25. Juli 1900:

Consommé de Volaille
Langouste à la Parisienne
Chateaubriand
Poulets grillés
Glace panachée
Gateau pain de gingembre
Fromage

Das Saratz floriert. 1903 baut man den ersten hydraulischen Lift, 1911 kommen sechs Privatbäder dazu. Dem Fließwasser folgen 1927 die Zentralheizung und wenig später der Strom. Ein solides Fünfsternehotel – unter den regelmäßigen Besuchern auch Richard Strauss –, das zwei Weltkriege übersteht und sich wacker bis in die siebziger Jahre hält. Bis die Kinder von Gian Pepi Saratz das Haus übernehmen sollen. Doch sie wollen nicht, wandern ab ins Unterland Richtung Zürich und Studium. Der Betrieb verwaist, Vater Gian Pepi Saratz verpachtet ihn. Der Abstieg beginnt. Das Saratz, nunmehr umbenannt in Hotel Atlas, verliert Stern um Stern. Das Haus verkommt. Und nun? Zusehen, wie das ehrwürdige Saratz immer mehr heruntergewirtschaftet wird und seinem Ruin entgegengeht – oder eingreifen?

Die Familie Saratz ist mutig, einmal mehr. Sie investiert gut 22 Millionen Franken, um den sinkenden Luxusdampfer wieder flott zu machen. Ostern 1996 wird das Hotel geschlossen, zum ersten Mal seit über 120 Jahren. Die Pläne von Architekten und Hoteldirektion scheinen kühn: Jenen, die den Charme alter Grandhotels zu schätzen wissen, bietet man renovierte, modernisierte Zimmer im alten Teil des Hotels. Und für diejenigen, die sich nur in heutigem Ambiente wohl fühlen, hat man einen neuen Trakt dazugebaut, die *Ela Tuff*, einen klaren, zeitlosen Bau, der sich nicht anbiedert an die alpine Heidi- und Kuhstall-Folklore. Das neue Saratz verbindet die Grandezza von einst mit dem Design von heute. Sieht ganz so aus, als könnte der Plan aufgehen. Architekten interessieren sich ebenso für das Modell wie Kurdirektoren, Fremdenverkehrsmanager und Trendforscher.

»Wir sind hier restlos begeistert und schlürfen die Luft der Gämsen wie französischen Champagner«, lässt Richard Strauss 1947 hören. Ein Jahr später, im Sommer 1948, ist er zum letzten Mal im Engadin, wieder in Pontresina, im Saratz. Dort schreibt er zwei, vielleicht sogar drei seiner »Vier letzten Lieder«, den »Frühling«, »September« und »Beim Schlafengehen«. Am 20. September 1948 schließt Richard Strauss den Zyklus ab, 84 Jahre alt. Ein Jahr später ist er tot.

»So tief im Abendrot«, heißt es im letzten dieser Lieder, einem Eichendorff-Gedicht folgend, »wie sind wir wandermüde – ist dies etwa der Tod?«

Mit dem Pinsel auf dem Dach der Welt

Das Engadin und seine Maler

> *»Das Oberengadin ist die einzige Hochebene Europas, eine Art Dach, nahe am Himmel. Ent- und Begrenzung in einem.«*
>
> GIOVANNI SEGANTINI

Davon träumt doch jeder: Man steigt auf den Dachboden, auf den eigenen oder einen fremden, man tut sich um, weil man neugierig ist oder Taucherbrille und Flossen sucht, die man im vergangenen Sommer so wunderbar und sicher verstaut hat, und entdeckt plötzlich eine Leinwand. Ein schmutziges Stück Stoff in einem massiven Holzrahmen. Doch dann dreht man's um, sieht einmal hin, zweimal. Kann das sein? Kann ein Dilettant solche Berge malen? Ein so überirdisches Licht wiedergeben? Staunen, Gier. Wo ist die nächste Filiale von Christie's? Auch Sotheby's würde gehen und notfalls auch Germann in Zürich oder das Wiener Dorotheum. Ob man danach nicht einen Anlageberater braucht? Oder zumindest ein Abonnement der *Financial Times*.

So könnte es sein. So ist's auch manchmal, so oder so ähnlich. Und es muss auch kein Bruegel sein, den man entdeckt, kein Rubens oder Schiele. Es kann noch spannender kommen, dann nämlich, wenn es unbekannte

Künstler zu entdecken gilt. Die Kunsthistorikerin Dora Lardelli kennt einen dieser geheimnisvollen Dachböden. Bei der Auflösung eines Hauses in Borgonovo im Bergell kamen unvermutet auch Bilder zum Vorschein, Landschaften und Stillleben, Porträts und Akte. Etliche nur mit Datum versehen, einige wenige mit Monogramm signiert. E. M. – wer war das? Ein paar ältere Bergeller konnten sich noch erinnern: Ja, freilich, in dem Haus habe ja früher die Elvezia gewohnt, *la sciura Elvezia*, eine seltsame Frau. Ging fein gekleidet mit Handschuhen und Sonnenschirm zur Kirche, hat Bedürftige unterstützt, in der Sonntagsschule unterrichtet. Und die soll gemalt haben? Man schüttelt den Kopf. Und wenn schon: Was kann dabei rausgekommen sein? Kleine Bildchen mit Blümchen, ein Baum im Frühjahr? Die Kunsthistorikerin Dora Lardelli weiß es besser: Diese Elvezia Michel, wie sie mit vollem Namen heißt, ist keine Sonntagsmalerin, die ist mehr, das sieht sie auf den ersten Blick. Aber wer ist sie gewesen?

Dora Lardelli beginnt zu suchen. Zusammen mit dem Künstler Giuliano Pedretti hat sie 1988 das Kulturarchiv Oberengadin gegründet und aufgebaut. Wer über viele Jahre hinweg so eine Sammlung führt, wer staubige Sekretäre und die Geheimfächer alter Kommoden durchwühlt, alte Korrespondenzen und Tagebücher gesichtet und archiviert hat, der hat gelernt, die Vergangenheit zum Sprechen zu bringen.

Elvezia Michel kommt 1887 in Frankreich zur Welt, in Lisieux in der Normandie. Ihr Vater, Johann Salomon Michel, der aus dem Bergell stammt, führt eine Patisserie und eine Brasserie und ist in der Fremde zu Wohlstand gekommen. 1893/94 kehrt er mit seiner Familie in die Schweiz zurück. Johann Salomon Michel stirbt früh, doch er hat genügend Geld hinterlassen, um seinen beiden Töchtern eine gute Ausbildung zu ermöglichen. Elvezia geht nach Mailand, wo sie bei Giuseppe Mascarini, einem lokal bekannten Genre- und Porträtmaler, Unterricht nimmt. Malstunden mit Folgen: Die junge Frau, die zwischendurch auch in München, Paris und London studiert hat, heiratet Mascarini. Das Paar lebt in Mailand und verbringt die Sommermonate in Borgonovo, wo die Familie seit Generationen ein Haus besitzt. Die Verbindung bleibt kinderlos, wenig glücklich. Aus den Jahren der Ehe weiß man kaum etwas. Einige Vorzeichnungen sind erhalten geblieben, die Elvezia Michel für ihren Mann angefertigt hat, ein paar unauffällige Blumenstillleben, einige Plakatentwürfe. Aber sonst? Und auch nach der Scheidung malt sie nicht mehr. Sie übersiedelt ins Bergell, richtet sich eine Webstube ein und entwirft Stoffe, die sie aus selbst eingefärbten Leinenfäden herstellt. Sie stirbt am 14. Juni 1963 in Flin nahe Soglio.

Etwa 25 Ölbilder, siebzig Aquarelle und siebenhundert Skizzen und Zeichnungen sind erhalten geblieben, die meisten von ihnen zwischen 1902 und 1917 entstanden. Jahre, in denen Elvezia Michel vieles ausprobiert, sich immer wieder neuen Herausforderungen stellt. Ihre Bilder spiegeln die Zeit: Jugendstil und Expressionismus, die Bilderwelt von Cézanne, Gauguin, Degas, Vallotton oder Hodler. Elvezia greift manches auf, doch sie ist nicht nur Epigonin. Gerade auch ihre Porträts zeigen eine erstaunliche Eigenständigkeit, eine berührende farbliche Dynamik. In vielen von ihnen steckt ein Versprechen.

Elvezia Michels Bilder hätten seit mindestens sechzig Jahren kein Tageslicht mehr gesehen, diagnostizierte der Restaurator Georg Hayde, als er die Leinwände und Blätter kurz nach deren Entdeckung begutachtete. Er bekam viel zu tun. Elvezia Michel hat sich kaum mehr um ihre Bilder gekümmert. Sie lagerten auf dem Dachboden ihres Hauses, lieblos in einer Ecke gestapelt, von den Keilrahmen abgespannt, eingerollt, geknickt, an den Rändern zerfranst. Elvezia Michel hat einen Teil ihrer Biografie aus ihrem Alltag ausgesperrt, weggesperrt in die am weitesten entfernten Kammern ihrer Erinnerung. Als ob sie einen Teil ihres Lebens habe vergessen wollen.

Noch bizarrer scheint das Schicksal von Andrea Robbi (1864–1945): Als der Maler 81-jährig starb, wurde sein Haus samt Inventar versteigert, darunter auch etliche Leinwände, die man en gros verkaufte. Sie landeten in feuchten Kellern, wurden ganz bewusst zerstört oder einfach zerschnitten: Hobbykünstler bemalten die Rückseiten der Leinwände neu. Entfernte Verwandte verbrannten Briefe und Dokumente. Sie wollten mit Andrea nichts mehr zu tun haben, mit diesem Kauz, dem schwarzen Schaf der Familie. Man fürchtete sich vor ihm, fand seine Bilder wüst und abstoßend. Und weil sich Andrea Robbi 1918 freiwillig entmündigen hatte lassen, munkelte man, er sei verrückt gewesen.

Dabei hatte sich die künstlerische Entwicklung des 1864 als Sohn einer Engadiner Zuckerbäcker- und Likörfabrikanten-Familie geborenen Malers gut angelassen: Robbi studiert in München und Paris, reist schon als junger Mann in die Pinakotheken von Mailand und Rom, malt ganz konsequent: Landschaften aus dem Engadin von großer Vitalität in Farbe und Strich, Porträts von erstaunlicher psychologischer Finesse, eigenwillige Akte und Architekturzeichnungen. Die meisten seiner Bilder sind undatiert, ganz so, als wären sie noch nicht fertig und würden den Ansprüchen des Künstlers nicht gerecht werden.

1898 stirbt Vater Robbi. Ein traumatisches Erlebnis für den Sohn. Gerade erst 34 Jahre alt, hört er ganz plötzlich mit dem Malen auf, zieht sich in Sils zurück, verlässt kaum mehr das Haus und wenn, dann nur bei Nacht. Den Dachs nennt man ihn im Dorf, *il tass*. Der Tod seines Vaters und seiner beiden Geschwister habe seine Depressionen verursacht, mutmaßen die einen, er habe seine mangelnden Erfolge als Künstler nicht verkraftet, meinen andere und dritte wollen von einer unglücklichen Liebe wissen, der sich die dominante Mutter in den Weg gestellt habe. Erst kurz vor seinem Tod beginnt er von Neuem zu malen. Wieso? Wie viele Bilder sind noch entstanden? Niemand weiß es.

Geheimnisvolle Geschichten, biografische Skizzen, die sich kaum mehr entschlüsseln lassen. Was ist dran am berühmten Engadiner Licht? An der Weite der Seen inmitten hoher Berge, an den zerklüfteten Felsen im Bergell? Was hat so viele Maler in den Bann gezogen, eine Landschaft, wie Friedrich Nietzsche konstatierte, »so fern vom Leben, so metaphysisch«? Eingefangen in Bildern von Ferdinand Hodler, Giovanni Segantini, den Giacomettis, Max Ernst und Otto Dix, hinausgetragen in die Welt, zu sehen in den bedeutendsten Museen. Haben sich die Maler aus dem Engadin im Schatten ihrer prominenten Kollegen geduckt? Elvezia Michel ist früh verstummt. Annamaria Reinalter aus Brail hat sich 1977 erst 18-jährig umgebracht. In ihrem Nachlass fand man dreitausend Zeichnungen. Samuele Giovanoli (1877–1941), der »Paradiesmaler« aus dem Fextal, hinterließ eine Sammlung naiver Bilder, deren Qualität kaum jemand erkannte. Auch Giovanoli, ein Autodidakt, war vielen unheimlich. Er galt als Heiliger und Teufel, seine Bilder verschwanden nach seinem Tod und wurden erst in den siebziger Jahren neu entdeckt und gewürdigt. Malerpersönlichkeiten, deren Œuvre man langsam zu bergen und auszustellen beginnt: Andrea Robbi und Samuele Giovanoli in der Chesa Fonio in Sils, Elvezia Michel im Oberengadiner Kulturarchiv. Archivare sind nicht nur Bücherwürmer und die Räumlichkeiten des Kulturarchivs in der prächtigen Chesa Planta in Samedan keine labyrinthischen Zimmerfluchten in einem Elfenbeinturm. Man findet dort funktionale, trockene Lagerräume, Aktenschränke, PCs und Karteikästen für den Katalog. Dora Lardelli und Giuliano Pedretti sind viel unterwegs. Sie haben neben Fotos, Briefwechseln, Geschäftsbüchern und privaten Aufzeichnungen auch eine Vielzahl hochkarätiger Bilder aus Dachböden und Kellern ans Licht geholt und in Ausstellungen präsentiert.

Kein leichtes Unterfangen auf einem Terrain, das von einem einzigen Maler nachhaltig in Beschlag genommen wurde: von Giovanni Segantini. Neben ihm finden andere Künstler wenig Raum. Hat er sie jahrzehntelang an die Felswände gedrückt? An Segantini ist schon zu Lebzeiten alles monumental und übermächtig: Ambitionen, Ehrgeiz, Selbstbewusstsein. Einer wie er ist schwer zu bremsen, der braucht viel Licht. Zu seinen hochfliegendsten Vorhaben zählt jener Pavillon, den er 1896/97 für die Pariser Weltausstellung entwirft. Darin will er sein Engadiner Panorama ausstellen und gleichzeitig ein Gesamtkunstwerk in Szene setzen: Er plant ein Stück Schweizerische Alpenlandschaft nach Paris zu übersiedeln, mit Bergen, tobenden Gebirgsbächen, Bären, Postkutschen, künstlich erzeugten Wald- und Wiesendüften, den Klängen des Alphorns, dem Sausen des Windes über den Gipfeln. Mit Verve versucht er die Hoteliers von St. Moritz und Maloja, Sils, Celerina und Pontresina für seine kostspielige Unternehmung zu gewinnen. »Das Projekt, welches ich Ihnen vorlege, geehrte Herren Engadiner, Söhne der Alpen«, schreibt er in einem Brief aus dem Jahr 1897, »ist kühn, aber klar wie das Sonnenlicht, das diese unsere Berge beleuchtet. [...] Es handelt sich, wie Ihnen schon bekannt ist, um ein gewaltiges Panorama, das die herrlichsten und hervorragendsten Punkte unseres Oberengadins darstellen und davon eine künstlerische Zusammenfassung sein soll. Ich beabsichtige, das ganze feste Gerippe dieser Alpenjoche in vollem Lichte und der Klarheit der Luft auf die Leinwand zu bringen, indem ich im Beobachter die vollkommene Illusion erwecke, er befinde sich im Hochgebirge zwischen grünenden Weiden, umgeben von schroffen Felsen, die den Himmel durchzacken, und ewigen Gletschern. [...] Das im Hintergrund gemalte Panorama wird einen Umfang von 220 Metern umfassen und eine Höhe von 20 Metern haben, mit einer Oberfläche von 4400 Quadratmetern.

Der Innenraum wird eine Oberfläche von 3850 Quadratmetern umfassen, und im Zentrum wird ein Berghügel von 75 Meter Umfang und 16 Meter Höhe Platz finden, mit zwei Straßen, einem Auf- und einem Abstieg, die in geneigten Halbkreisen angelegt sind und von denen man jede Hälfte des Panoramas überblickt, das man vollständig von der oberen Plattform überschaut.«

Ein kolossaler Entwurf. Er scheitert. Zu teuer, befindet man im Engadin. Segantini mag sich davon nicht lösen. Er widmet sich fortan der Verwirklichung seines »Trittico della natura«, einer bescheideneren Variante des ursprünglichen »Panorama dell'Engadina«. Das Triptychon bleibt unvollendet. Bis zuletzt arbeitet er an diesen drei riesigen Bildern: »La vita« (190 x 322), »La natura« (235 x 403) und »La morte« (190 x 322). »Werden–Sein–Vergehen«, wie die Tableaus auch heißen.

Sie hängen heute im Segantini-Museum in St. Moritz. Sie hängen aber auch, in unzähligen Reproduktionen und Kopien, in den Empfangshallen der Hotels, in Souvenirläden, Kurvereinen, Arztpraxen. Segantini wird dankbar in die Arme geschlossen, er gehört allen: St. Moritz hat das Museum, Pontresina die Chamanna Segantini, jene Hütte, in der er gestorben ist, und Maloja den Sentiero Segantini, einen Kulturpfad, der verschiedene Stationen aus dem Leben des Künstlers berührt. Darunter sein Atelier und das großzügige Chalet

Kuomi im Herzen des Dorfes. Die Segantinis – Vater Giovanni, Lebensgefährtin Bice Bugatti und die vier Kinder Gottardo, Alberto, Mario und Bianca – haben es im August 1894 bezogen. Zuvor hatte der 1858 im trientinischen Arco geborene Maler in Mailand gelebt, wo er nach dem frühen Tod seiner Eltern aufgewachsen ist, später in der Brianza und im Schweizerischen Savognin. Und nun, im Sommer 1894, richtet er sich im Hochgebirge ein. Frühling, Sommer und Herbst verbringt er in Maloja, den Winter, der ihm auf der Passhöhe zu unwirtlich erscheint, im sehr viel milderen Soglio, der »Schwelle zum Paradies«, wie er das Dorf im südlichen Bergell nennt.

Segantini lebt auf großem Fuß. Immer auf der Flucht vor Steuerbeamten und Gläubigern, pflegt er auch in Maloja einen ungewöhnlich aufwändigen Lebensstil: Möbel seines Schwagers, des Designers Carlo Bugatti, kostbares Tafelsilber, Hauslehrer und eine Golfausrüstung für die Kinder. Neben seinem Chalet lässt er ein Atelier bauen, einen Rundbau aus Holz, mit Oberlichten und drei Gaupen – bis heute ein Wallfahrtsort für Segantini-Liebhaber. Einmal in der Woche steht die Tür zum Atelier offen. Viel ist nicht geblieben von früher. In den Vitrinen und an den Wänden Reproduktionen seiner Bilder, Briefe, ein Skizzenblock, der Rucksack mit Pinseln. Gerade den hat Segantini regelmäßig benützt. Er malte vorzugsweise im Freien, ließ sich ausladende Holzgestelle bauen, die ihm als Staffelei dienten und die Bilder vor Witterungseinflüssen schützten, so dass er in der offenen Landschaft arbeiten konnte, ohne seine Leinwand verstellen zu müssen.

Im Oberengadin, wo er seine divisionistische Malweise weiterentwickelt hat, ist eine Reihe seiner bedeutendsten Bilder entstanden: »Maloja« (1895), »Die Liebe am Brunnen des Lebens« (1896), »Die Verkündigung des neuen Wortes« (1896) – vorgesehen als Illustration für Nietzsches »Zarathustra« –, »Die bösen Mütter« (1896/97) oder sein berühmtes Triptychon. »Ich bin der Welt als Maler des Hochgebirges bekannt«, rühmt er sich. Und: »Ich strebte immer weiter hinauf in die Höhen. Von den Hügeln ging ich zu den Bergen unter die Bauern, die Hirten, zu den Bewohnern des Hochgebirges, zu ihren Hütten und Ländereien. Ich studierte die Menschen, die Tiere, die Umgebung, die Erde bis zu den innersten Tälern von Graubünden, hielt mich im Savognin auf, wo ich acht Jahre blieb. Indes verbrachte ich manchen Sommer hoch oben auf den hohen Triften von 2500 Metern und manchen Winter in den kleinen Häuschen jener Alpen. In jenem Lande lenkte ich kühner mein Auge auf zur Sonne, deren Strahlen ich liebte, die ich mir erobern wollte. Hier war es, wo ich am tiefsten die Natur in ihren lebendigsten Formen und ihrer leuchtendsten Farbe studierte.«

Die Ankunft in Maloja bekommt eine fast

schon mythische Dimension. Nirgendwo sonst lebte Segantini so stark in Symbiose mit der Natur wie hier. »Das Oberengadin ist die einzige Hochebene Europas«, schreibt er, »eine Art Dach, nahe am Himmel. Ent- und Begrenzung in einem.« Segantinis Bilder aus jener Zeit wurzeln in der Topografie des Oberengadins und Bergells. Sie huldigen der Natur, ohne sie zu verklären. Sie ist gleichzeitig Schöpferin und Zerstörerin, Quell allen Daseins und jener Gewalt, die den Menschen überfällt und in Ohnmacht und Schmerz zurücklässt. Die Bergwelt um Maloja avanciert zu seiner Seelenlandschaft, in ihr ortet er seine innere Heimat. Die Suche nach der verlorenen Mutter mündet in eine Serie symbolistischer Allegorien. Sie beschwören den Tod, um ihn gleichzeitig zu bannen. Geheimnisvolle Bilder, in ihrem überhöhten und zugleich gebrochenen Realismus und der Vielfalt an Symbolen. Sie geben Rätsel auf, lassen sich ebenso schwer einordnen wie Segantinis gesamtes Œuvre. Giovanni Segantini bleibt ein Findling in der europäischen Kunstgeschichte.

Jene fünf Jahre, die er im Engadin verbracht hat, sind eine produktive Zeit. Sammler kaufen seine Bilder von der Staffelei weg, Anerkennung kommt aus allen Teilen Europas. Segantini entwickelt ehrgeizige neue Pläne, ist ständig am Rande des Ruins. Kann oder will er nicht haushalten? Mehrere Fotos aus jenen Tagen zeigen einen Mann, der vor Vitalität zu strotzen scheint und sich selbstbewusst zur Schau stellt – beim Malen in der Landschaft, bei einer Bergtour am Gletscher, nach der Adlerjagd: ein stolzer Schütze, die Beute nachlässig über die Schulter geworfen.

Sein Tod kommt überraschend. Segantini hat sich am 18. September 1899 zum Malen auf eine 2700 Meter hoch über Pontresina gelegene Hütte auf dem Schafberg zurückgezogen. Dort stirbt er zehn Tage später an einer akuten Bauchfellentzündung. Giovanni Giacometti, sein Freund und Schuler, malt ihn am Sterbebett: abgemagert, das Haar strähnig, das Gesicht kantig geworden. Die Krankheit hat in ihm gewütet, geblieben ist die Entschlossenheit in seinen Zügen. Auf einer Bahre wird er zu Tal gebracht und auf dem kleinen Bergfriedhof von Maloja beerdigt. Sein Grab – wie könnte es anders sein? – ist das auffälligste weit und breit. Auch hier wieder die große Geste. »Arte ed amore vincono il tempo«, liest man auf dem überdimensional breiten, aus mehreren Steinplatten zusammengesetzten Granitblock. Giovanni und Bice Segantini liegen in der Mitte, Kinder und Kindeskinder ihnen zur Seite. Vor dem Stein eine wilde Blumen- und Gräserlandschaft. Natur, wie sie ist, nicht gezähmt und gebändigt wie auf vielen von Segantinis Bildern. Flechten kriechen über den Grabstein, hinterlassen geheime Botschaften, in einer fremden Sprache. Ob Segantini sie versteht?

Die Erde bricht auf

Korridor in den Süden: das Puschlav

»Plötzlich öffnet sich der Blick ins Puschlav. Ein grünes Land zu unseren Füßen, der See von Le Prese wie ein tiefer grüner Edelstein, von grünen, fruchtbaren Wiesen umgeben. Ein Gedanke wird wach, ein einfacher, ein schwindelnder Gedanke: Die Erde bricht auf.«

ANNEMARIE SCHWARZENBACH,
Nach Alp Grüm

Zuerst fällt mir der Korb auf. So einen wie den habe ich lange nicht mehr gesehen. Ein Drahtgestell, ziemlich verbogen, engmaschig, zwei Griffe. Körbe wie dieser sind robust, lassen sich nicht umbringen von Hitze, Nässe, Eis. Sie halten ewig, werden nicht morsch, brechen nicht so leicht auseinander. Dieser hier ist verbeult, steht mitten in einem Acker am Hang. Daneben kniet ein etwa sechzigjähriger Mann, graue Lodenhose, handgestrickter Pullover, Bergschuhe aus festem Leder, auf dem Kopf ein kleiner Filzhut. Der scheint ebenso alt wie der Korb. Der Mann wühlt in der Erde nach Kartoffeln. Es ist kurz vor Mittag. Ich grüße. Wie ich nun am besten nach San Romerio käme, frage ich. Ich suche den Wanderweg. Er lacht mich an, zuckt mit den Achseln. Er spreche kein Deutsch, höre ich, ob ich Italienisch verstünde? Si, un poco. Das Ganze nochmals. Der Mann lacht wieder, schüttelt den Kopf. Zu Fuß? Wieso das? Ich solle doch eine gutes Stück mit dem Auto mitfahren. Er kann nicht verstehen, dass ich dieses Angebot ausschlage. Na gut, wenn's sein muss: Hinter dem Dorf zweige der Weg ab, da sei dann bald schon ein Schild zu finden.

Viano heißt das Dorf, von dem er spricht. Ein paar Steinhäuser drücken sich an den Hang, eine kleine Kirche, eine schmale Straße mitten durch den Ort. Eine Telefonzelle, die merkwürdig fremd wirkt, eine Poststation, zwei Stunden am Tag geöffnet. Das reicht. Einmal täglich fährt hier der Postbus vor, ein kleiner, denn größere Fahrzeuge schaffen es nicht, vom Tal über die einspurige Straße mit den vielen Kehren in die Höhe zu kommen. Viano liegt auf fast 1300 Metern Höhe. Bis vor wenigen Jahren war man hier ganz für sich. Nun ist man stolz auf die Straße. Wieso also immer noch zu Fuß gehen?

Ein Dorf im Puschlav. Im Poschiavo, wie er auch heißt, jener abgeschiedene Landstrich in der südlichsten Ecke Graubündens, *la valle sperduta*, das verlorene Tal: durch den Bernina mit dem Engadin verbunden und sonst an allen Seiten an Italien grenzend. Der Pass wird zur Sprachgrenze: Nördlich davon spricht man rätoromanisch oder (schweizer)deutsch, südlich italienisch oder *poschiavin*. Ein Korridor in den Süden, der vom ewigen Eis des Bernina abwärts führt zu den Weingärten des Valtellina. Italien hat das Puschlav lange für sich beansprucht, doch seit Beginn des 15. Jahrhunderts ist das Tal des Poschiavino Teil der Schweiz. Gehört man dort überhaupt hin? Wer weiß. Immerhin muss man die Puschlaver des Nachts einsperren. Um zehn Uhr abends schließt hinter Campocologno die Grenze Richtung Italien, erst um sechs Uhr geht der Schlagbalken wieder in die Höhe. Hat man Angst, es könnten sich zu viele davonmachen? Schmuggler gibt es so und so. Die Abhänge sind unwegsam, die Steige nicht zu zählen.

Das Puschlav ist eine arme Gegend, die kleine Schwester des Engadin, das Aschenputtel. Ein paar Touristen im Sommer und im Herbst, so gut wie keine im Winter. Die Tagesausflügler in den roten Waggons der Rhätischen Bahn, die St. Moritz mit dem italienischen Tirano verbindet, kehren abends in ihre Engadiner Grandhotels zurück. Im Puschlav schläft es sich ruhig. Wenig Industrie, etwas Landwirtschaft. Viele Junge wandern ab, weil Arbeitsplätze fehlen, und das seit Jahrhunderten. Die Likörfabrikanten und Zuckerbäcker aus dem Puschlav waren im 17., 18. und 19. Jahrhundert in ganz Europa berühmt, ihre Kaffeehäuser fand man in Danzig, Lemberg und Berlin, in Lissabon, Florenz und Zaragoza. Einige dieser Auswanderer sind in die Heimat zurückgekehrt. In Poschiavo, dem Hauptort des Tales, haben sie vorgeführt, was in ihnen steckt: Das Spaniolenviertel nennt man jene Häuserzeile, die sich einige der aus Spanien zurückgekommenen Patissiers als Ruhesitz bauen ließen. Sie brachten Vermögen und Selbstbewusstsein aus der Fremde mit, kannten englische und italienische Landsitze und spanische Fincas und wollten ihre Weltgewandtheit auch zeigen: Zwischen 1850 und 1870 entstand eine Reihe ungewöhnlicher Häuser, bonbonfarbene Palazzi, viel Stuck, kunstvolle schmiedeeiserne Balkone, Zierrat aus Messing und Marmor. Villen wie Festtagstorten inmitten der gedrungenen, behäbigen Steinhäuser, wie man sie sonst über das Tal verstreut findet.

Die Bauernhäuser in Viano hingegen sind einfach. Roh verputzte Wände, Steinplatten am Dach, zwischen den Häusern schmale Durchgänge. Wie ist's hier im Winter? Hinter dem Dorf eine Kehre, eine enge Straße Richtung Norden. Kurz darauf erspähe ich San Romerio, eine kleine Kirche auf einem Felsen, weit weg. 1794 Meter hoch, lese ich auf der Karte. Nun wissen meine Augen, wo die Beine hinmüssen. San Romerio scheint Tage entfernt. Früher ein Pilgerziel, heute eine wenig besuchte Alp.

Die ungelenk beschrifteten Schilder, die bergauf zeigen, muss ich lange suchen. Der Weg ist ein Stück weit asphaltiert, leicht befestigt. Steile Hänge mit Wiesen auf allen Seiten. Ab und zu ein Feld mit Mais und Kartoffeln, hin und wieder ein Hof. Davor die Bauerngärten, mit Stockrosen und Ringelblumen, Kohl und Karotten, Bohnen und Kraut. Dazwischen ein paar Erdbeeren. Der Süden des Puschlav ist fruchtbar, sonniger als das übrige Tal, sonniger auch als das Engadin. Viele der Dörfer liegen hoch oben, weit über der Talsohle. Dort ist die Arbeit hart, das Gelände schwer zu bewirtschaften. Ein paar Äcker, viel Wald.

Der Weg wird zum Pfad, hier kommt kein Auto mehr hoch. Hin und wieder kleine Bäche. Die Betten ausgewaschen, entwurzelte Bäume, die ins Wasser ragen, Moränen von Schutt. Selbst kleine Flüsse werden rasch zu Muren. Auch die Varuna war eigentlich ein harmloses Bächlein. Doch in der Nacht des 18. Juli 1987 verwandelte sie sich in einen tobenden Wildbach. Die Tage zuvor waren schwül gewesen, heiß bis in hohe Lagen. Firnfelder aperten aus und schickten mehr Wasser ins Tal als sonst. Als dann noch Unwetter dazukamen, lösten sich Schuttmassen, stauten sich kurz und stürzten bergabwärts, um unterwegs immer neue Felsbrocken, Bäume, Büsche und Wiesenstücke mit sich zu reißen. Eine gefräßige Mure wälzte sich in den Poschiavino und verwüstete mit ihrem Schlamm und Geröll den ganzen unteren Teil des Puschlav. Hundert Millionen Franken Schaden. Versicherungen zahlten, Bund und Kanton, dazu private Spender. Streit entstand, die Gemeinden mochten sich nicht einigen, wer wie viel bekommen sollte, alte Rivalitäten zwischen Katholiken und Protestanten brachen auf. Das Gedächtnis dieser Gegend ist gut. In Poschiavo habe ich immer wieder Marken an den Häusern gesehen, an denen die Höhe der Flutwelle abzulesen war. Man will nichts vergessen. Die Angst ist geblieben. Immer noch beäugen die Puschlaver heraufziehende Gewitterwolken mit Sorge.

Bedeckter Himmel an jenem Septembertag, da ich Richtung San Romerio aufsteige, über Stock und Stein, durch Bäche und feuchte Wiesen. Einige der einfachen Holzbrücken, die von Muren weggerissen wurden, hat man nach der großen Flutkatastrophe gar nicht erst wieder aufgebaut. Stattdessen liegen größere Steine im Flussbett. Ich springe von einem zum anderen. Wenn es nun stärker zu regnen begänne? Dann wäre nicht mehr daran zu denken, ins Tal zurückzukommen, da bliebe mir nur die Suche nach einer Hütte. Häuser? Keine mehr zu sehen. Nein, doch eines.

Piaz, 1678 Meter, weiß der Vermessungspunkt. Piaz lese ich ein paar Meter weiter auf dem kleinen Steinhaus. Keine direkten Nachbarn, keine Straße, die vor dem Tor endet, keine Telefonleitung. Eine Frau kniet im Garten, erntet ihren Rettich. Ja, sie sei ganz allein hier oben, aber nicht mehr lang. Vor ein paar Tagen hat es zum ersten Mal wieder geschneit. Die Nächte werden kalt, das Gemüse beginnt zu frieren. Ein paar Wochen noch, dann ziehe sie wieder ins Tal. Auf der kleinen Weide vor dem Haus eine einzelne Kuh. Die Kuh im Stall, die

Bienen im Stock, das Gemüse im Garten, die Geranien am Fenster, der Blick übers Tal. Was ist wichtig?

Die ganze Strecke über bin ich für mich allein. Nur einmal tritt mir unvermutet ein Mann entgegen. Wir bleiben beide stehen. Er lächelt, sagt lange nichts. Will dann meine Uhr sehen, weist nach oben, presst einen Satz heraus. Ich verstehe ihn nicht. Aber seine Hand zeigt Richtung San Romerio. Nach zweieinhalb Stunden trete ich endlich aus einer Lichtung. Vor mir ein großes Stück Wiese. Ein paar Steinhäuser, ein Stall, die Kirche von San Romerio. Vor einem der Häuser Holzbänke und Tische, eine Alpwirtschaft: Milch, Käse, Wein, Schinken, lese ich auf einer Tafel. Wie die Milch hier schmeckt? Es gebe über tausend Wiesenkräuter, habe ich unlängst gehört. Wie viele davon sind wohl in Butter und Rahm?

Beides kommt direkt aus den zwei *Crotti*. Vorratshäuser dieser Art kenne ich aus Apulien und dem Süden Frankreichs. *Crott* oder *Trullo* heißen sie im Puschlav, kleine Rundbauten, die zum Lagern und Kühlen der Lebensmittel dienen: Auf einem kreisförmigen Grundriss werden plattenförmig Steine zu Mauern geschichtet, die in einer kleinen Kuppel zusammenlaufen. Jede zur Gebäudemitte hin vorstehende Platte fixiert die nächste, eine uralte Technik. Ein falsches Gewölbe, wie die Architekturgeschichte weiß. Falsch also, aber unglaublich schön. Im Inneren des *Crott* dann ein seichtes Becken, durch das Quellwasser fließt. In diesem Bassin liegen Steine, auf denen verderbliche Lebensmittel gekühlt werden: Milch, Rahm, Käse, hin und wieder auch frisches Fleisch.

Es beginnt zu nieseln. In der Almhütte ist es dunkel. Kleine Fenster, eine niedrige Decke, ein Steinboden. Mitten im Raum ein langer Holztisch, er ist schon gedeckt, Teller, Löffel, Gabeln. Ob ich etwas zu essen bekommen könne? Freilich. In einer Ecke eine alte, leuchtend rote Berkel-Aufschneidemaschine, wie man sie nur mehr selten sieht. *Bresaola* wird serviert, eine Spezialität des angrenzenden Valtellina: luftgetrocknetes Rindfleisch. Dazu Wein aus der Gegend, ein Inferno, wie er heißt, rot, schwer. Die Familie trudelt ein, der Großvater, der Vater, die Mutter, drei kleine Kinder. Das eine ist im vergangenen Sommer noch nicht auf eigenen Beinen gestanden, meine ich mich zu erinnern. Und jetzt ist schon wieder ein Baby da, ein paar Wochen alt. Jedes Jahr ein Kind? Die Familie sei von Anfang Mai bis Ende Oktober hier oben, erfahre ich. Nein, man vermisse nichts, im Gegenteil. Ab und zu kämen ein paar Wanderer vorbei. Den Winter verbringe man im Tal, schweren Herzens. Es gehe nicht anders: Der Weg hier herauf sei schmal, gerade mal für einen wendigen kleinen Jeep zu befahren. Im Winter wäre daran nicht zu denken, und die Kinder müssten irgendwann in die Schule, das auch.

Es beginnt nach warmem Käse und Knoblauch zu duften. Dann kommt eine riesige Schüssel auf den Tisch. Ob ich mitessen wolle? *Pizzocheri*, eine Spezialität aus der Gegend: dicke Buchweizennudeln, Kartoffeln, Kohl oder Mangold, alles gekocht und dann mit Knoblauch, Salbei, Käse und viel Butter vermischt in einer Pfanne serviert. Ein kräftiges Essen. Es macht glücklich.

Als ich vor die Tür trete, regnet es immer noch. Von hier aus könnte man einen grandiosen Blick haben: auf Bernina, Piz Cancian und Varuna auf der einen Seite, auf die Bergamasker Alpen auf der anderen. Doch es ist trüb. Ein paar Kühe stehen träge im Nebel. Neben der Almhütte ein massiver, fast klobiger Steinbau: das frühere Pfarrhaus und Hospiz, errichtet genau an jenem mittelalterlichen Weg, der vom italienischen Tirano kommend hoch über der Talsohle ins Engadin führte. Das Puschlav war früher ein Durchzugsland, damals blühte der Handel. Das ist lange her. Eine Urkunde vom 4. Oktober 1055 erwähnt eine Mühle von St. Remigius. Gut zwanzig Jahre später hört man zum ersten Mal von Brüdern, die hier wohnen. Später kommen Laienschwestern dazu. Man lebt in einer gleichberechtigten Gemeinschaft. Humiliaten nannte sich dieser Orden, Gedemütigte. Weil sie sich gegen die weltliche und die kirchliche Aristokratie erhoben, galten sie als Ketzer. Als sich einige von ihnen in San Romerio niederließen, waren sie

Land- und Waldarbeiter, die nebenher durchziehende Pilger und Kaufleute betreuten. Im Jahr 1425 ist der letzte von ihnen gestorben, weiß die Chronik, das verlassene Hospiz wird einem Verwalter unterstellt, später der Kirchgemeinde von Tirano zugeschlagen. Lange Zeit verbrachten Geistliche aus dem Valtellina hier ihre Sommerfrische. Heute wirkt das Haus verlassen, der Zeiger der Sonnenuhr ist verbogen. Eine Gegend ohne Zeit.

Ein paar Schritte, und ich stehe endlich vor der Kirche, die ich seit Stunden vor Augen habe, San Romerio, oder San Romedio, wie sie die Einheimischen nennen, dem Heiligen Remigius (436–533) geweiht. Ihn verehrt man als Schutzheiligen, der die Gefahren des Berges abwehrt. Remigius hat aber auch den fränkischen König Clodoveo bekehrt, und da das Puschlav jahrhundertelang dem Kloster St. Denis bei Paris gehörte, war die Verneigung vor dem französischen Heiligen auch ein Gruß in dessen Heimat.

Die Kirche selbst: 11. Jahrhundert, romanisch-lombardischer Stil, krumme Mauern, ein Beinhaus an der rechten Seite, zwei Fenster, offener Dachstuhl, spitzer Turm. San Romerio thront am Rand eines kleinen Plateaus. Direkt dahinter stürzen die Felsen tausend Meter in die Tiefe, in den Lago di Poschiavo, jenen See bei Le Prese, der sich einem Bergsturz verdankt. Wie lange halten die Felsen von San Romerio noch durch? Die Kirche ist früher nicht direkt am Abgrund gestanden, zeigen alte Bilder. Das Gestein bröckelt. Ob es die Kirche dereinst in die Tiefe reißen wird?

Ich beginne den Abstieg. Die Kuh von La Piaz ist längst im Stall, Rauch steigt aus dem Kamin des Steinhauses. Kurz vor Viano sehe ich den Kauz von vorhin mitten in der Wiese stehen. Er bewegt sich nicht, schaut in den Regen, lacht. Im Dorf ist niemand auf der Straße. Eine Katze schleicht eine Wand entlang, es läutet in der Telefonzelle, doch keiner geht dran. Und dann entdecke ich nochmals diesen Korb, er steht unter dem Vordach eines der Häuser. Daneben, sorgsam ausgelegt und aufgereiht, die frisch geernteten Kartoffeln. Zwei Hand voll, die Portion fürs Abendessen. Glänzende Schale, kleine Früchte. Vieler Tage Arbeit.

Logenplatz Richtung Gletscher

Mit der Rhätischen Bahn durch eine Spielzeugwelt

> *»Hinauf. Schicht um Schicht. Flusstal um Flusstal, Terrasse um Terrasse. Immer die Möglichkeit des Hinunter- und Zurückschauens, über jeder Teilwelt eine höhere Teilwelt, über jedem Tal ein höheres, das Ganze dennoch ein einziger Leib.«*
>
> JAKOB WASSERMANN,
> *Etzel Andergast*

Rot. Beinahe alles, was dem Schweizer wichtig erscheint, ist rot: sein Pass, der ihm alle Türen dieser Welt öffnen soll, sein Armeemesser, wichtigstes Werkzeug im Dschungel des Alltags, seine Flagge, die selbst kleinste Privatgärten als stolze patriotische Enklaven ausweist. Die brandroten Lettern auf den dicken Appenzeller und Raclette-Laiben nicht zu vergessen, und schon gar nicht das Signalrot der Rhätischen Bahn. Ein Wahrzeichen. Postkarten ohne Zahl: die blitzblanke Lokomotive samt Waggons vor imposanten Gletscherlandschaften, neben Seen, hinter friedvoll grasenden Kühen, vor Bahnstationen wie aus dem Heidi-Land. Celerina/Schlarigna/Staz ist eine dieser Stationen. Ein Holzhaus, rote Fensterläden, weiße Gardinen, dichte Schneewechten auf dem Dach, Rauch steigt in dicken Wolken aus dem Kamin. Hier Bahnwärter sein – wär' das was?

Vorstellen kann ich's mir: eine propere Uniform mit Käppi und weißem Hemd, Bügelfalten in den Hosen, eine Trillerpfeife, den Fahrplan im Kopf, viel Kaffee, Radio und Zeitung zwischen den Zügen. So könnte es ein.

Ich komme näher, stehe vor der Bahnstation. Die Traumblase platzt. Der Warteraum des Bahnwärterhauses ist offen, doch der Rollbalken vor dem Schalter heruntergelassen. An der Wand der Fahrplan, vor der Tür ein kleiner Metallkasten mit einem Auge, aufgemalt. Es sieht mir dabei zu, wie ich meine Fahrkarte, die ein Apparat zuverlässig und lautlos ausgespuckt hat, entwerte. Von einem Bahnwärter keine Spur. Schläft er gerade?

Jon Andri Dorta lacht, als ich ihm von meinen Vorstellungen der Bahnwärterhaus-Idylle erzähle. Nein, heute sei doch manches anders. Nur mehr die großen Stationen wie St. Moritz, Samedan oder Schuls seien besetzt. Jon Andri Dorta muss es wissen. Er ist Oberlokführer bei der Rhätischen Bahn. Einer, der sich einen Bubentraum erfüllt hat? Nein, schmunzelt er, eigentlich wollte er ganz etwas anderes werden: Lehrer, weil der die Lösung jeder Mathematikaufgabe schon kannte, und Pfarrer, weil der nur sonntags arbeiten musste. Dass er nun Lokführer ist, verdankt sich dem Zufall. Vielleicht gut so. Bubenträume zerschellen schnell. Wen jugendliche Sehnsüchte zur Rhätischen Bahn treiben, der werde enttäuscht, meint Jon Andri Dorta. Die Realität des Lokführers ist hart: unregelmäßige Dienstzeiten, Früh- und Spätdienste, kein fester Tagesrhythmus, viel Verantwortung. Jeder Fehler kann fatale Folgen haben. »Lokführer zu sein ist schon ein sehr einsamer Beruf.« Aber schön ist er auch. »Wenn man morgens durch die frisch verschneite Landschaft fährt, wenn sogar das Gleis nicht mehr zu sehen ist, und man steuert ruhig über ein Schneefeld, das sind dann schon besondere Erlebnisse.«

Hier oben im Engadin schneit's oft. Die Bahnverbindung mit dem übrigen Graubünden ist immer wieder unterbrochen. Lawinen, Erdrutsche, vermurte Bergbäche gehören zum Alltag. Allein, auf die Bahn kann man sich verlassen, sie kämpft sich durch: mit Schneepflügen und Schneeschleudern, mit Hilfe von Streckenwärtern, die regelmäßig die Gleise abgehen und alles kontrollieren. Eissäulen in den Tunnels müssen abgeschlagen, Schrauben an den Schwellen und Masten angezogen, Steine weggeräumt werden. Eine Hand greift in die andere. Das Zusammenspiel alle Bähnler, wie sie hier heißen, beflügelt den Ehrgeiz, den Zugverkehr Richtung Chur oder Italien so selten wie möglich einstellen zu müssen.

Wirklich abgeschnitten von der Welt war das Engadin eigentlich nie. Schon die Römer etablierten hier ihre Handelsstraßen über die Pässe und durch die »Heimat des Winters und der Stürme«, wie sie das Land nannten. Albula, Julier, Septimer, Maloja oder Bernina waren enge und gefährliche Tore, die Kaufleute, Säumer und Soldaten über Jahrhunderte hinweg durchgelassen haben. Erst viel später kamen Privatreisende dazu. Sie hatten es schwer: »Vor sich hat man von Maloija eine entsetzlich tiefe Precipice, ohne einen Weg zu sehen, der in einer Ecke Zig-Zag 1/2 Stunde lang ins Bergäll-Tal geht, das oft nur einen Steinwurf breit ist und so jäh hinunter geht, dass man das Pferd gern vor sich herlaufen lässt«, klagt der pietistische Prediger David Cranz aus Pommern, der 1757 eine Wanderung durch Graubünden unternommen hat.

Hundert Jahre später sind die Wege über die Pässe zu befestigten Straßen ausgebaut. Die romantische Begeisterung für die Alpen und deren Bewohner wächst, erste Touristen lassen sich im Engadin nieder. Postkutschen mit regelmäßigem Fahrplan verbinden die Dörfer entlang des Inns mit den Bahnhöfen von Chur, Landeck, Tirano und Chiavenna. Im Januar 1874, erzählt die Chronik, fahren bis zu hundert Fremde über den Albula ins Engadin: »Der größte Teil will nach St. Moritz«, weiß Friedrich Nietzsche, »bleichsüchtiges und nervenschwaches Volk aus der ganzen Welt, zusammengeführt durch die modische Berühmtheit jener Bäder.« Im Jahr 1882 wird der Gotthardtunnel eröffnet, das Engadin droht isoliert zu werden. Man lässt sich was einfallen. Ein *Bähnli* müsse her, erkennen wendige Hoteliers, um das Engadin an das Zugnetz Österreichs, Italiens und der übrigen Schweiz anzuschließen. Das sei man dem Gast schuldig – und sich selbst auch, schließlich halte der Tourismus noch etliche Versprechen bereit.

1903 trifft der erste Dampfzug von Chur über den Albula kommend in Celerina ein, gefeiert von einer fünftausendköpfigen Menge. Ein Jahr später hat St. Moritz einen neuen Bahnhof, 1913 ist das Unterengadin per Bahn erreichbar. Zu diesem Zeitpunkt hat auch die Linie St. Moritz–Tirano ihren Betrieb bereits aufgenommen. Die Bernina-Linie, wie sie heißt, gilt als eine der ambitioniertesten Etappen des insgesamt 395 Kilometer langen Netzes der Rhätischen Bahn. Eine Strecke, auf der allein das Unterwegssein das Ziel scheint: 61 Kilometer lang, verbindet sie das Engadin mit den Weinbergen des Valtellina. Eine Berg- und Talfahrt. Von St. Moritz, 1778 Meter hoch gelegen, zuckelt der Zug mit seinen Panoramawagen vierhundert Meter hinauf bis zur Passhöhe auf über zweitausend Metern, durchmisst dabei Almwiesen und lichte Wälder und gibt spektakuläre Ausblicke auf die Vergletscherungen zwischen Diavolezza und Morteratsch frei. Hinter dem Bernina-Pass stürzt sich *il trenino rosso* in die Tiefe, unerschrocken und kühn, um nach einer Serie von Kehren in Poschiavo anzukommen und den See entlang zu tuckern. In Tirano, dem ersten größeren Ort jenseits der schweizerisch-italienischen Grenze, eine kurze Verschnaufpause – ehe der Zug leichten Atems in die Höhe zurückkehrt.

Eine spektakuläre Fahrt: Steigungen bis zu siebzig Promille, Kurvenradien von 45 Metern, Galerien, die das Geleise an besonders ausgesetzten Stellen vor Lawinen und Steinschlag schützen. Als Eiffeltürme Rätiens hat man die Viadukte bezeichnet: elegante Konstruktionen, aus den Steinen der Gegend zusammengesetzt, überspannen Wildbäche und überbrücken ganze Seitentäler. »Die damalige Bauweise war erstklassig«, höre ich von Jon Andri Dorta. »Man muss sich das vorstellen, da wurde vor hundert Jahren ein Landwasserviadukt gebaut, der auch die Züge von heute noch trägt. Zwei *muratori,* wie wir hier sagen, sind seit Jahren beschäftigt laufend alle Fugen der Mauern zu überprüfen und Steine auszutauschen. Aber die Gefahr kommt nicht von den Mauern, die Gefahr kommt von der Natur.« Als Lokführer entwickelt man gerade in diesem Landstrich ein besonderes Auge für das, was sich jenseits der Gleise tut. Jeder Baum, der sich neigt, wird registriert, jede dunkle Wolke wahrgenommen. Dreht der Wind? Was macht der Schnee? *Las lavinas imnatschan,* heißt es in Samedan, Schuls und Poschiavo, wo die Züge zu Hause sind, fast den ganzen Winter über: Lawinen drohen. Und: »Ist die Marianne schon gekommen?« Lawinen tragen hier Frauennamen, das war schon immer so. Fast alle Lokführer sind Männer.

Am Bernina fallen in manchen Wintern bis zu 24 Meter Schnee. Stürme kommen dazu, Verwehungen. Züge fahren blindlings in die Wechten ein. »Da liegt dann der Schnee bis zu zwei Meter hoch und man sieht nichts mehr. Aber man entwickelt mit der Zeit auch ein Gespür für Situationen und bleibt wachsam. Wer nicht mehr auf sein Gefühl hört, wer nur mehr den festen Regeln gehorcht, den bestraft das Leben«, sagt Jon Andri Dorta. Und, im nächsten Atemzug: »Das Schönste ist, wenn ich mit dem letzten Zug auf der Albula-Linie von Chur kommend ins Engadin fahre und sich der Vollmond in den Felsen spiegelt. Das ist schon eine spezielle Atmosphäre, das ist Teil des Zahltags. Oder wenn ich über den Bernina fahre, da gibt es kein Licht, das ich zweimal erlebt hätte. Wer das als Lokführer nicht wahrnimmt, der verdrießt mit der Zeit.«

In der Touristensaison sind die Waggons voll, die Fensterplätze reserviert und belegt. In den offenen Wagen sitzen Amerikaner und Japaner, die Augen hinter den Fotoapparaten und Videokameras verborgen. Wildfremde finden sich in den Ahs und Ohs ihres Staunens zusammen. Die Natur hat ihren Schrecken verloren, scheint in glanzvollen Kulissen gezähmt. Ein Kolossalgemälde, eine Spielzeugwelt. Die *Bähnlis* rasen wie fahrende Kinosessel mitten hindurch. »Hinauf. Schicht um Schicht. Flusstal um Flusstal«, lese ich in Jakob Wassermanns »Etzel Andergast« über eine Fahrt mit der Rhätischen Bahn. »Terrasse um Terrasse. Immer die Möglichkeit des Hinunter- und Zurückschauens, über jeder Teilwelt eine höhere Teilwelt, über jedem Tal ein höheres, das Ganze dennoch ein einziger Leib.« Und René Schickele jubelt während einer solchen Reise: »Ich bin außer mir vor Freude, singe und tanze im Abteil.«

Das Management der Rhätischen Bahn ist findig. Touristengruppen werden in die Waggons geladen, in den Heidi-, Palm- oder Arosa-Express und den Engadin-Star. Und dann geht's los, kreuz und quer durch Graubünden, weit hinaus über die Kantonsgrenzen bis nach Andermatt, Montreux oder Lugano. »Touch the Sky« empfiehlt die Broschüre, die den Glacier-Express promotet: bequeme Fauteuils, viel Teakholz, Pariser Art-Déco-Stil, Champagner, Gänseleberpastete. Und doch: Vorbei die Zeiten, da die Direktoren der Rhätischen Bahn mit hochfliegenden Plänen schwanger gingen. Die Träume von der Achse Chur–St. Moritz–Venedig–Triest–Konstantinopel sind zerschellt, die Pläne für eine luxuriöse Engadin-Orient-Bahn verstauben in den Laden der Ingenieure. Man ist froh nicht zu tief in den roten Zahlen zu stecken.

Und die Engadiner selbst? Für sie scheint die Bahn, zusammen mit dem Postbus, immer noch Teil ihrer Identität: der Fahrplan eine Uhr, nach der man sich richten kann, der rote Zug ein Stück Heimat. »Das *Bähnli* gehört zu uns wie das Matterhorn zu Zermatt«, erklärt Jon Andri Dorta. Die Engadiner hängen zwar an den roten Zügen, leidenschaftlich und liebevoll. Und doch benützen sie lieber das Auto als den Zug. Der Privatverkehr nimmt zu, das Straßennetz wird laufend verbessert. Umfahrungsstraßen erhöhen die Lebensqualität im Inneren der Dörfer. Doch gleichzeitig ziehen sie wieder neuen Verkehr an.

Es ist dunkel geworden, als ich an jenem Tag, da ich Jon Andri Dorta in Schuls getroffen habe, Richtung Oberengadin weiterfahre. Der Zug ist an diesem Abend fast leer, hell und gut geheizt. Er zieht sicher durch die verschneite, klirrend kalte Landschaft. Hin und wieder ein paar beleuchtete Dörfer, dazwischen lange Strecken durch Wälder und schneebedeckte Wiesen, über vereiste Bäche hinweg. An den Bahnmasten und Stromleitungen hängt der Reif.

Am Abend schlendere ich durch St. Moritz, bleibe vor den Fenstern der Confiserien stehen. Hanselmann und Hauser haben Kunstwerke aus Marzipan und Zuckerguss in den Schaufenstern. Und dann, in einer kleinen Bäckerei, liegen sie, die kleinen Schokoladetäfelchen, nach denen ich gesucht habe. Einzeln verpackt, jedes mit einem bunten Foto versehen: der Vierwaldstätter See, die Luzerner Holzbrücke mit ihrem Wasserturm, das Zürcher Frauenmünster, eine Kuh in einer Walliser Almlandschaft. La Suisse en miniature. Und da entdecke ich auch das Bähnchen, leuchtend rot rast es durch die Engadiner Gletscherlandschaft. Unter der Papierschleife die Schokolade. Süß.

Schwalben schlagen ihre Flügel

Allegra. Nachrichten aus einem fremden Landstrich

»Trais randulinas
Battan lur alas
Vi dal tschêl d'instà«

»Drei Schwalben
schlagen ihre Flügel
gegen den Sommerhimmel«

LUISA FAMOS,
Juli in Ramosch

Was will ich hier eigentlich? Es ist kalt, ein eisiger Wind fegt mir um die Ohren, keine warme Stube, in die ich mich flüchten kann. Kein Mensch auf der Straße. Ramosch ist wie ausgestorben. Wo sind die alle geblieben? Morgen ist Heiliger Abend. Wer aus der Stadt kommt wie ich, wo Rauschgoldengel, Rentiere und Santa Claus seit Monaten lärmen, staunt über die Stille. Keine Lichtergirlanden an den Türen, keine Gestecke in den Fenstern, nicht einmal eine Tanne mit elektrischen Kerzen am Hauptplatz. An der Kirchenmauer lehnen ein paar verhungerte Fichten, Weihnachtsbäume, von niemandem abgeholt. Am Dorfbrunnen ein Plakat: *Concert d'Advent, 21 december, Sala da gimnastica a las 20.30 ura*. Das ist zwei Tage her. Was suche ich hier? Was bilde ich mir ein? Was sehe ich überhaupt in der Dämmerung? Gespenster.

»*Ant Nadal*« – »Vor Weihnachten« heißt eines der Gedichte von Luisa Famos und vielleicht bin ich auf der Suche nach jenen Landschaften und jenem Dorf, die ich aus dieser Lyrik schon lange zu kennen glaube. Ramosch oder Remüs, wie der Ort auf Rätoromanisch heißt, ist ein kleiner Flecken nahe Schuls, unweit der Tiroler Grenze: ein paar Straßen, die bergauf führen, dazwischen Wege, die immer noch nicht gepflastert sind. Ein Brand zerstörte 1880 einen Großteil des Dorfes und damit auch viele der alten Häuser. Auf dem Parkplatz hinter dem Hotel Heinrich steht ein einziges Auto, holländisches Kennzeichen. Aber sonst? Was suche ich hier? Und wenn schon: Was kann ich hier in Ramosch, wo Luisa Famos 1930 geboren und 1974 gestorben ist, überhaupt finden? Klingen ihre Verse jetzt anders, da ich durch die Dorfstraßen streune?

ANT NADAL

Cumün sainza champs
Sainza üert e sunteri
Mo plain d'sömmis

La not
As distach' üna staila
Da l'ur dal tschêl
E voul s'unir
A la terra.

Vor Weihnachten

Dorf ohne Felder
ohne Garten und Friedhof
aber voll von Träumen

In der Nacht
löst sich ein Stern
vom Saum des Himmels
um auf die Erde
zu kommen.

Eine fremde Zunge, eine Geheimsprache: *Vallader*, jenes rätoromanische Idiom, das im Unterengadin gesprochen wird. Die Gedichte von Luisa Famos sind alle in dieser Sprache geschrieben. Natürlich, ich kenne die Übersetzung, aber hier, in Ramosch, mag ich davon nichts wissen. Als müsste ich lernen, mich auf diese Sprache einzulassen, sie aus der Stille herauszuhören, mir jene Gedichtzeilen, die sich in meinem Ohr eingenistet haben, leise vorzusagen.

Das Engadin steckt voller literarischer Stimmen, in vielen Sprachen und Tonlagen. Die Liste der Schriftsteller, deren Gedichte und Romane, Tagebücher und Briefe sich in den Landschaften entlang des Inns angesiedelt haben, liest sich wie ein Who's Who der europäischen Literatur: C. F. Meyer, Marcel Proust, Arthur Schnitzler, Thomas Mann, Annemarie Schwarzenbach, Dino Buzzati, Robert Musil, Eugenio

Montale, Paul Celan. Es sind längst nicht alle. Die rätoromanischen Dichter indes wurden kaum gehört, schon gar nicht jenseits der Kantonsgrenzen. Oder wollten sie etwa für sich bleiben, den Aufstand proben gegen die Sprachen der Welt? Allein die Kinderbücher von Alois Carigiet und Selina Chönz, das »Schellen-Ursli« oder »Flurina und das Wildvöglein«, wurden weltweit übersetzt. Doch sonst?

Wie viele Leser hatte ein Gedichtband, der in *Putèr* – so heißt das Oberengadiner Idiom – oder *Vallader* publiziert wurde? Zweihundert, dreihundert? Vierhundert – ein Bestseller. Gerade mal ein Drittel der Oberengadiner Bevölkerung spricht und versteht *Putèr*. Jenseits von Brail, der Grenze zum Unterengadin, können achtzig Prozent der Leute *Vallader*. Insgesamt ein paar tausend Menschen. Aber die läsen mehr Lyrik als die Leute jenseits der rätoromanischen Sprachgrenzen, erklärt man mir.

»*Allegra!*« So begrüßen sich die Engadiner, so werde auch ich hier begrüßt, wenn ich unterwegs bin. Und da wundere ich mich noch, wieso mich diese Sprache so heiter stimmt? Ich bilde mir ein, immer wieder Brocken zu verstehen, wenn ich die Leute reden höre. Lesen ist noch leichter. Einmal mehr weiß ich, wozu ich Latein gelernt habe. Unter Rätoromanisch, schlage ich nach, verstehe man heute das Friaulische, Dolomitenladinische und Bündnerromanische, in der Schweiz von etwa siebzigtausend Menschen gesprochen. Eine

Art Vulgärlatein rätischer Prägung, das sich kurz nach der Eroberung Rätiens durch die Römer um 15 vor Chistus entwickelt und schnell durchgesetzt hat. Über Jahrhunderte hinweg bleibt das Rätoromanische bestimmend. Erst nach 1800 beginnt man um die unverwechselbare Sprache und Kultur des Engadin zu bangen. Die zunehmende Germanisierung der Schweiz und der aufkommende Fremdenverkehr verdrängen die Bündner Idiome. In wirtschaftlicher Hinsicht seien sie ohnehin nur hinderlich, meinen viele. »*Cul rumantsch nu puost vender gnac'üna charva*«, hieß es, mit dem Rätoromanischen könne man nicht mal eine Geiß verkaufen, und schon gar kein Hotelbett.

Doch will man das, sich aufgeben für die Fremden? Nicht ganz. Kulturvereine entstehen und sorgen für eine rätoromanische Renaissance: Heimatliteratur ist wieder en vogue, man pflegt das Brauchtum, geht an seine Wurzeln. »Nur nicht nachgeben!« lese ich in Peider Lansels Gedicht »Tamangur« (1923): »Niemand wird dem romanischen/Volk sein angestammtes Recht nehmen, und/das ist: innerhalb seiner Grenzen, heute und immer,/die Sprache seines Herzens zu bewahren.« *Seis linguach dal cour*, die Sprache des Herzens. Dafür kämpft man. Die Volksabstimmung vom 20. Februar 1938 wird für die Schweizerischen Rätoromanen zu einem denkwürdigen Ereignis. Über neunzig Prozent der Bevölkerung, die zu den Wahlurnen pilgert, entscheidet sich dafür, das Rätoromanische neben dem Deutschen, Italienischen und Französischen als vierte Landessprache anzuerkennen. So viel Einhelligkeit erstaunt, eine seltene Zuneigung zum Vergessenen und Verdrängten. Die Bündner Idiome seien die schweizerischsten Sprachen überhaupt, wird argumentiert, die Rätoromanen folglich die besten Patrioten. Und das gilt etwas. Eine Haltung, die sich aus der Zeit und den politischen Entwicklungen jenseits der Grenzen erklärt.

Juristen kommen ins Schwitzen. Wie sollen Erlässe in einer Sprache formuliert werden, die keine einheitliche Schriftsprache besitzt? In Graubünden haben fünf rätoromanische Idiome überlebt, dazu etliche geografische Eigenheiten. Jedes Tal eine kleine Insel. Wie sollte man da eine Standardsprache schaffen? Geht einfach nicht, dachte man lange Zeit. Und es ging doch. Seit 1982 gibt's das *Rumantsch Grischun,* eine Gemeinsprache für alle Bündner Rätoromanen. Ein Kompromiss, Produkt eines wissenschaftlich durchdachten Systems, das die verschiedenen Idiome nach besten demokratischen Absichten vertritt. Eine Sprache aus der Retorte klagen die einen, eine vitale neue Sprache schreien die anderen, die uns alle zusammenschließt und der bündnerischen Identität neues Selbstbewusstsein verleiht: Seit März 1996 ist das *Rumantsch Grischun* gesetzlich als »Teilamtssprache« anerkannt, wie es im Bürokratendeutsch heißt.

Können Dichter in Teilamtssprachen schreiben? Was ist das für eine Sprache, wundere ich mich? Zu lesen in Bank, Post, Gemeindezentrum, zu hören in Radio und Fernsehen. Rätoromanische Dichter, einst eine eingeschworene Gemeinschaft, die sich gegenseitig bestärkte und dabei mit Glacéhandschuhen anfasste, drängen nach außen und suchen die Übersetzung: Clo Duri Bezzola, Oscar und Andri Peer oder Rut Plouda. Flurin Spescha, zweisprachig aufgewachsen, war der Erste, der einen Roman in *Rumantsch Grischun* verfasste, »Feuer und Flamme« (1993).

Ein Experiment, das viel Aufmerksamkeit erregte – und Nachahmer findet. Was will ich eigentlich, fragt sich der Autor und Liedermacher Linard Bardill, als er seinen Roman »Fortunat Kauer« vor sich liegen sieht, den er auf Deutsch geschrieben hat. Macht eine Ausgabe davon in *Vallader* denn Sinn? Lass das, rät man ihm, wenn, dann übersetz dich selbst ins *Rumantsch Grischun*. Aber wie? »Lehr- und Wanderjahre durch ein neues Land«, wie er bekennt. »Eines, das bisher nur wenige betreten haben. Ein paar Hügel gab's darin mit Telefonbüchern, Abstimmungsmaterialpfützen und Steuerausfüllverwerfungen, drei kleine Kindergeschichtenhaine und einen Wald von Reklametafeln.« Und darin soll sein Romangarten gedeihen? Pflanzen brauchen Zeit, Zuwendung, Geduld. »Ich wanderte durch meine Beete, begoss die Keimlinge und sah zu, wie sie zu prallen Salatköpfen auswuchsen. Nun, da ich Freundschaft mit ihnen geschlossen hatte, gingen hundert Blumen auf, Kräuter schossen aus dem Boden und das Gemüse gedieh.«

Ist's der Boden, der Dünger? Das Lexikon des *Rumantsch Grischun* sei inzwischen bei den Buchstaben MA angekommen, höre ich von der *Lia Rumantscha* in Chur, die das Rätoromanische nach außen vertritt. Natürlich, es gibt sie auch weiterhin, all jene Grammatiken und Wörterbücher, die das Idiom der jeweiligen Region festzuhalten und die Vielfalt der Sprachen zu bewahren suchen. Wörter verschwinden aus dem Alltag, werden zu Papier, leben nur in Lexika weiter. Eine Sprache bekommt ihr Museum.

Während einstmals ein guter Teil der älteren Bevölkerung ausschließlich Rätoromanisch sprach, wachsen die Kinder von heute zweisprachig auf – sofern ihre Eltern dafür sorgen, dass das Rätoromanische seinen Platz am Familientisch bekommt. Die Überzeugung, die eigene Sprache behüten zu müssen, ist größer geworden, das Selbstbewusstsein höher, nicht zwangsläufig aufs Deutsche auszuweichen.

Auch Luisa Famos war tief im *Vallader* verwurzelt, das Rätoromanische Teil ihres poetischen Programms. Ihre beiden Gedichtbände, *»Mumaints«* (»Momente«, 1960) und *»Inscunters«* (»Begegnungen«, 1974), sind vor wenigen Jahren von Anna Kurth und Jürg Amann ins Deutsche übertragen worden. Endlich erfährt auch die literarische Welt außerhalb des Engadins mehr über ihr Leben und Werk. Im August 1930 in Ramosch geboren, wächst Luisa Famos auch dort auf. Sie wird Lehrerin, unterrichtet in Sertig bei Davos, in Vnà und in Guarda, später in Zürich. Schon in den fünfziger Jahren beginnt sie Gedichte zu veröffentlichen, 1960 erscheint ihr erstes Buch. Zwei Jahre später wird sie nebenberuflich Ansagerin der ersten rätoromanischen Fernsehsendung, *»Il balcun tort«*. Ihr Gesicht prägt sich den Bündnern ein, es wird Teil ihrer Identität.

Doch Luisa Famos verlässt die Schweiz. Nach der Hochzeit bekommt sie zwei Kinder und übersiedelt mit ihrem Mann, dem Ingenieur Jürg Pünter, nach Honduras, später nach Venezuela. Als die Familie 1972 zurückkehrt, machen sich erste Zeichen einer schweren Krankheit bemerkbar. Es folgen Operationen, Phasen der Hoffnung, die Verschlechterung ihres Zustands. In ihren letzten Lebenswochen zieht sich Luisa Famos nach Ramosch zurück. Sie schafft es, zusammen mit ihrem Mann, kurz vor ihrem Tod noch *»Inscunters«* herauszubringen. Luisa Famos stirbt am 28. Juni 1974, noch nicht einmal 44 Jahre alt. Im Kirchhof suche ich ihr Grab und finde es nicht. Die Toten von Ramosch seien ober- und außerhalb des Ortes begraben, höre ich später. Gräber mit Aussicht.

Friedhof, Kirche, Kirchturm. Viele der Gedichte von Luisa Famos spiegeln das religiöse

Leben auf dem Land, die Festtage, die Rituale zwischen Haustür und Altar, die Liebe.

Ich weiß nicht, ob ich das kann
alle Ähren
lesen
von meinem Feld
alle Garben binden
für dich
bevor die Sonne
geht.

Ein Kreis von Bildern kehrt leitmotivisch wieder – die Sterne, der Saum des Himmels, Ähren, Flügel. Und die Schwalbe: nistet bei den Leuten unter den Dächern und in den Ställen und lässt sich doch nicht zähmen, spürt früher als der Mensch, wenn Unheil droht und sich das Wetter wendet. Ein Vogel, der sich im Herbst Richtung Süden aufmacht und im Frühling wieder zurückkehrt an den Ort, an dem er eigentlich zu Hause ist. Erstaunlich, wie oft die Schwalbe durch diese Gedichte zieht: In den Bildern dieser wunderbar rastlosen Vögel steckt die Biografie von Luisa Famos – und so manches poetologische Bekenntnis.

Meis nom

Meis nom ais
Randulina
Opür eu vuless almain

D'instà chanta bodezzas
Suot la pensla
Chanzuns per vus

Es ant cha'l sulai va adieu
Stun sül piz dal clucher
Per as verer plü bain.

MEIN NAME

Eine Schwalbe
heiße ich mich
und wollte ich sein

Im Sommer in aller Frühe
unter dem Vordach
sänge ich Lieder für euch

Und bevor die Sonne schiede
säße ich auf der Spitze des Kirchturms
Und sähe auf euch herab.

Auf dem gotischen Kirchturm von Ramosch entdecke ich Inschriften an allen Seiten, in der Dunkelheit schwer zu erkennen. Die Kirchentür ist verschlossen. Unterhalb des Kirchhofs ein Bauernhof, eine Frau in Gummistiefeln und Anorak treibt eine Herde Schafe in den Stall. Licht hinter den Fenstern. Ich frage eine ältere Frau, die mir auf der Straße begegnet, ob sie sich an die Famos erinnere. Ja, klar, die kenne hier jeder. Und wo hat sie gewohnt? Nicht schwer zu finden, sagt sie, direkt beim Dorfeingang, auf der linken Seite. Ein großes Haus, drei Etagen, hölzerne Veranden, mehrere Erker, ein kleiner Turm. Vor dem Haus ein Garten hinter einem Holzzaun, Äpfel- und Zwetschkenbäume, viel Gestrüpp, Himbeeren oder Brombeeren. Wer erntet sie? Wohnt hier niemand? Im Haus ist es dunkel. Vom ersten Stock aus, stelle ich mir vor, blickt man Richtung Süden und Westen, ins offene Land: hinunter zum Inn, hinauf zu den Bergen, die das Tal von allen Seiten umschließen und den Blick bremsen. Vor dem Ortseingang steile Äcker und Felder, schwer zu bewirtschaftendes Land.

Viele der Gedichte von Luisa Famos klingen täuschend einfach. Verse, die scheinbar ganz nahe liegen und doch von weit herkommen. Sie sprechen mehrere Sprachen, künden von fernen Ländern, die nur einen Blick oder einen Gedanken von uns entfernt liegen. Wer sich darauf einlässt, wird seine Welt anders sehen.

LÜGL A RAMOSCH

Trais randulinas
Battan lur alas
Vi dal tschêl d'instà

Minchatant tremblan
Trais sumbrivas

Sülla fatschad' alba
Da ma chà.

Juli in Ramosch

Drei Schwalben
schlagen ihre Flügel
gegen den Sommerhimmel

Drei Schatten
zittern manchmal
über die weiße Wand
meines Hauses.

Im Windschatten der Zeit

Unterengadiner Geheimnisse

»Lavin im Tauwetter,
schmutzig die Straße
zur Brücke,
und schwer fließt der Inn
zu den Felsen von Füsen.«

ANDRI PEER,
Tauwetter

Hier irgendwo muss es sein. Zu sehen ist nicht viel: eine Wiese, ein paar Bäume, ein schmales Flusstal. Ein Wildbach stürzt sich aus dem Val Punt Ota herunter und verschwindet im Inn. Zwischen den Bäumen versteckt eine Brücke, schmal, aus Holz. Und auf dieser Brücke die imaginäre Linie, die das obere und das untere Engadin trennt. Seit 1282, wie man aus einer Urkunde weiß, versteckt sich die Grenzmarke irgendwo unter der Gischt des Baches. Keine Grenzposten, kein Schlagbalken, keine Tafel. Aber eine Sprachgrenze, wie man mir erklärt, und das sei wichtig: Auf der einen Seite der Brücke spreche man *Putèr*, auf der anderen *Vallader*. So schnell kann das gehen, der Wechsel von einer zur anderen Sprache. Chinouschel und Brail, die beiden Orte dies- und jenseits der beiden Bachufer, liegen gerade einmal zwei Kilometer voneinander entfernt.

Ein paar hundert Meter hinter der Brücke

empfängt mich die erste Kirche des Unterengadin: Brail. Gotteshäuser wie dieses sehe ich in den folgenden Stunden und Tagen immer wieder: ein kleiner gotischer Bau, innen ein einfacher, weiß gekalkter Raum, ein Kreuzrippengewölbe in der Apsis, die hölzerne Kanzel, ein paar Bänke. Keine heiligen Szenen an den Wänden, keine Schäfchenwolken am Firmament. Die hat es wohl früher noch gegeben, bevor der Protestantismus im Engadin eingezogen ist. Er fiel auf fruchtbaren Boden. Nach 1538 fand die Reformation im Unterengadin eine treue Anhängerschaft, vierzig Jahre später waren alle Oberengadiner Gemeinden konvertiert. Protestanten aus Norditalien flüchteten ins Bergell und Puschlav, um dort den neuen Glauben zu leben. Damals hat man viele der Fresken übermalt. Geblieben sind romanische und gotische Kirchenräume, deren Schlichtheit ans Herz geht. In ihnen lebt das Wort. Die Bibel liegt aufgeschlagen auf einem Pult, *Il bun pastur*, lese ich, die Geschichte vom guten Hirten in der rätoromanischen Ausgabe des *Vegl e Nouv Testamaint*. Rund um die Kirche der Friedhof. Auf unbehauenen Granitblöcken aus der Gegend entziffere ich die Familiennamen der Toten: Rainalter, Godly, Caviezel.

Ich lasse den Inn in einer Schlucht verschwinden, bleibe auf der Sonnenseite und wandere durch leicht abschüssige Bergwiesen Richtung Zernez. Auf der anderen Seite beobachte ich die Bahnlinie, die oberhalb des Flusses den Hang entlang zieht. Irgendwo dort drüben liegt Carolina, ein Weiler mit ein paar Häusern, direkt hinter der Bahnbrücke über den Inn. Verstreut liegenden Höfen, Ställen und kleinen Kapellen begegne ich im Unterengadin immer wieder, in Carolina, Sur En, Vallatscha oder S. Niclà. Ein Einsiedlerleben in einer Tanneneinsamkeit habe man in diesen Weilern geführt, lese ich in Andri Peers Erzählung »Weihnachten in Carolina«. Peer (1921–1985) hat einen Teil seiner Kindheit in Carolina verbracht: sieben Kilometer bis zur Schule, kurze Sommer, viel Schatten, Kälte zwischen den Hausmauern. »Stille Weihnachten ohne Besuche, ohne andere Überraschungen als jene des Winters: Der erste Schnee fiel meist schon Ende Oktober. Nach den Festtagen brach gewöhnlich das Tauwetter ein. Uns blieb eine wirkliche Waldheimat wie auf alten Kupferstichen.«

Und heute? Zentralheizung in allen Zimmern, Geschirrspüler, Fernsehapparate, der Internetanschluss. Viele der früheren Höfe, Almhütten und *Maisensässen* wurden an Urlaubsgäste verkauft und zu komfortablen Ferienhäusern umgebaut. An ihnen scheiden sich die Geister: War es richtig, dem Zerfall der Häuser entgegenzutreten und sie zu verscherbeln, oder hätte man versuchen sollen, zumindest einige dieser Bauwerke als Kulturgüter zu retten? Wo waren die Denkmalschützer – und wo die Beamten des Umweltamtes, als man Wege verbreiterte, Stromleitungen und Abwasserrohre verlegte? Was will man nun – »Ruinen oder Alpenkitsch«? So titelt die Zeitschrift *Piz*, eine der interessantesten Zeitschriften des Engadin, im Juni 2002. Die Architekten haken ein: Soll man die alten Gemäuer umbauen oder die Fassaden stehen lassen und nur das Innere den Bedürfnissen von heute anpassen? Auf meinem Weg komme ich an vielen solcher Häuser vorbei. Fast überall sind die Balken geschlossen, die Türen einbruchssicher verriegelt. Wie viel Leben steckt hinter diesen Mauern?

Zernez, das Tal wird weiter. Es gabelt sich, eine Straße zieht hinauf zum Ofenpass und weiter bis nach Müstair. Sie durchquert den Schweizerischen Nationalpark, den ältesten in den Alpen. Ein 172 Quadratkilometer großes Naturschutzgebiet auf einem Areal zwischen 1400 und 3200 Metern, 1914 eingerichtet und seither ein Magnet für Touristen und Forscher. In Zernez steht das Nationalparkhaus, mit Ausstellungen, einer Bibliothek und einem vielfältigen Veranstaltungsprogramm. Ein vorsichtiger Versuch, Natur zu bewahren, Wissen weiterzutragen und dem langsamen Verschwinden der Vielfalt von Flora und Fauna entgegenzutreten.

Die Zernezer haben's ohnehin mit den Tieren: Hundefresser werden sie im Volksmund genannt. Fast alle Bewohner der Engadiner Dörfer haben so einen Spottnamen: die Scheinheiligen von Pontresina, die Halbgekochten von Celerina, die Spekulanten von Guarda oder die Kuhwürger von Lavin. In Zernez sind's die Hundefresser. Eine uralte Geschichte, fast nicht mehr wahr: An einem dieser trägen Winterabende begannen die Burschen, sich vor den Mädchen in Szene zu setzen und mit ihren Abenteuern zu prahlen. Ein gewisser Burtel trieb es besonders weit und erzählte von den unzähligen Hasen, die er zuletzt erlegt hätte. Ob er nicht fürs morgige Abendessen einen schießen könne, fragte man ihn? Kein Problem! Zusammen mit seinem Hund Fida zog der Prahlhans aus, das Jagdglück zu suchen. Als Fida dann tatsächlich einen Hasen entdeckte und ihm hinterhersprang, drückte Burtel ab. Doch, oh weh! Er erwischte seinen Hund statt des Hasen. Was nun? Aus Angst vor der Blamage zog er Fida das Fell ab und überredete eine Köchin, das Fleisch des Hundes wie das eines Hasen zuzubereiten. Die Gesellschaft traf sich des Abends, verspeiste den falschen Hasen, bei bester Laune. Bis man Tage später bemerkte, dass Fida verschwunden war. Und kurz darauf wusste das ganze Dorf von Burtels Schwindel – und die Zernezer hatten ihren Spitznamen ab: die Hundefresser. Er ist ihnen bis heute geblieben.

Bei Zernez kommt der Inn zur Ruhe, schlängelt sich in weichen Linien durch die Ebene, mäandert langsam Richtung Susch. Das Wasser schimmert türkis, glasklar, vor den Felsen bilden sich kleine Seen mit dunklen Kieselsteinen auf dem Grund. Zwei von ihnen landen in meiner Hosentasche, eisig kalt. Der Inn drängt weiter, zwängt sich in ungebändigten Wellen durch eine Schlucht. Es ist dunkel und feucht, die Strahlen der Sonne kommen selten hierher. Moos legt sich über Bäume und Steine, Flechten lassen wundersame Nachrichten auf den Felsen zurück. Mein Weg führt durch den Wald ein paar Meter oberhalb des Wassers. Hier irgendwo muss es gewesen sein, gleich hinter einer hölzernen Brücke. Die Karte schweigt, ich krame in meiner Erinnerung. Kurz nach diesem Steg sollte doch ein Pfad ans Ufer des Flusses führen, oder täusche ich mich? Ich bin im Winter schon einmal hier gewesen, damals war Schnee auf den Wegen, der Inn vereist. Ob ich sie jetzt noch finde, die Steine des Franz Baumberger? Aber da sind sie ja, liegen mitten im Fluss, trotzen der Strömung.

Im Wasser, neben uralten Quellen, auf Bergwiesen, in den Ruinen verlassener Dörfer: Die meisten Skulpturen von Franz Baumberger stehen im Freien. Am exponiertesten sein Menhir, ein Monolith auf einem steilen Feld zwischen Giarsun und Guarda: ein etwa drei Meter hoher, schwerer Block, ein Gesicht dem Osten zugewandt, das andere dem Westen. Sonnenzeichen auf der einen Seite, eine Blume auf der anderen: Sie nimmt das Strahlen des untergehenden Lichts auf. Werden und Vergehen, Geburt und Tod.

Franz Baumberger, 1940 in Eschlikon geboren, führt seit den achtziger Jahren ein wunderbares kleines Gasthaus in Guarda, das Crusch Alba. Ich erinnere mich an den Dezembertag kurz vor Weihnachten, als ich ihn besucht habe. Das Crusch Alba, das Weiße Kreuz, ist eine typische Engadiner *Beiz*: eine getäfelte Stube, sieben Tische, eine Jukebox, ein offener Kamin. Hier wird gekocht. Die Lammkoteletts mit Polenta und Buchweizen, die Franz Baumberger über dem Feuer brät, meine ich nirgendwo sonst so zart und fein gewürzt gegessen zu haben. Liegt's an der Qualität des Fleisches, an den Kräutern, an der archaisch anmutenden Feuerstelle? Franz Baumberger ist ein leidenschaftlicher Koch. Von elf Uhr vormittags bis Mitternacht steht er am Herd und am Feuer. Danach geht er ins Atelier.

Baumberger malt seit den sechziger Jahren. Als er nach Guarda kam, hat ihn die spezielle Energie des Ortes sofort berührt. »Durch das geologische Fenster zwischen Guarda und Prutz hat die Region schon eine spezielle Schwingung«, meint er. »Ich habe schnell gespürt, dass ich hier etwas zu tun habe, eine Aufgabe zu erfüllen. Vielleicht wäre ich woanders nicht zu dieser kultischen Steinarbeit gekommen.«

Das Erbe der Kelten ist ihm wichtig und der Menhir nicht die einzige Skulptur auf einem Platz, der eine besondere Energie verströmt. Franz Baumberger achtet genau auf die Orte, wo seine Plastiken stehen. »Es gibt hier viele belastete Punkte«, spürt er. Er bringt mich von Guarda herunter an den Inn, zu einem Uferstück zwischen Zernez und Susch. Auch das sei so eine Stelle, erklärt er mir. Nur wenige Meter von ihr entfernt eine Lichtung im Wald: der frühere Richtplatz. *God da la Güstizia,* wie die Gegend immer noch heißt. Hier hat sich die Gemeinde zweimal im Jahr versammelt, um Gericht zu halten und die Urteile zu exekutieren. In der Mitte des Feldes stand der Galgen, wo die Schuldigen vor den Augen der Dorfgemeinschaft gehenkt wurden. »Richten, Recht, Gerechtigkeit, Hinrichten, Aufrichten – das sind Wortspiele, die mir viel bedeuten«, bekennt Franz Baumberger. »Ich wollte genau an diesem Platz etwas – ja etwas vielleicht Erlösendes versuchen.« Eine Gruppe von Steinen als Mahnmal, als Quelle positiver Kräfte? Baumberger hat die Felsbrocken mit alten keltischen Symbolen versehen: die Spirale, das Kreuz, der atlantische Fries. Eine der im Wasser liegenden Skulpturen hat er aufgestellt, sie soll nach oben weisen. »Jeder Stein, der aufgerichtet ist, stellt eine Verbindung mit dem Kosmos dar.« Und, mit Blick auf den Inn: »Für mich ist es ein schöner Gedanke, dass die Steine im Wasser stehen. Das Wasser läuft vorbei und nimmt etwas von den Schwingungen der Steine mit«, meint Baumberger. »Kunst kommt nicht von Können, das ist ein blöder Spruch, Kunst kommt von Erkennen, und das hat etwas Prophetisches, Erlösendes.«

Das kann man nun glauben oder auch nicht. An jenem Nachmittag, da ich im Sommer wiederum hier entlang wandere, meine ich die Magie des Ortes doch noch zu spüren. Diese seltsamen Steine im Wasser, nicht weit davon die beiden Stelen, Reste des einstigen Galgens, mitten im Wald. Von dort führt der Weg nach Susch, vorbei an einem schon in der Bronzezeit besiedelten Hügel mit den Ruinen der Fortezza di Chaschinas und dem Plantaturm, einem mittelalterlichen Wohnturm mit barocker Zwiebelhaube. Im ersten Stock steht das Fenster offen und ich entdecke einen Käfig mit einem Vogel. Ich wundere mich nicht, das muss wohl so sein, an einem Ort wie diesem. »Nahtegel, sing einen don mit sinne/miner hohgemůten chuniginne!«, dichtete einer der vielen unbekannt gebliebenen Minnesänger im frühen 13. Jahrhundert, als er durch die Lande zog. »Chunde ir, daz min steter můt und min herçe brinne/nah irm sůzen libe und nah ir minne!« Und nun sitzt die *nahtegel*, das *suesse vogelin*, im Käfig, die Königin steckt ihm Körner durch die Gitterstäbe und der Minnesänger mit dem brennenden, sich nach Liebe verzehrenden Herzen ist längst schon wieder unterwegs, zur nächsten Burg.

Also weiter. Am Ortsende das einstige Gefängnis, in einem Turm außerhalb des Ortes: kleine Fenster, dicke Mauern. Wer von dort zum Richtplatz geführt wurde, hatte einen langen Marsch vor sich, durch Wiesen und Waldstücke, den Inn im Auge, die Berge, blauen Himmel. Fast schon eine Perfidie, eine zusätzliche Strafe: als sollte der Häftling spüren, was er da zurücklässt, wenn man ihn henkt.

Die Schweiz ist ein strenges Land. Auf Schritt und Tritt begegne ich Schildern mit Vorschriften, Befehlen, Verboten. Was man da alles nicht darf: zu nah am Inn entlang gehen, weil einem Wellen entgegenschlagen könnten, am Ufer ein- oder ausbooten, in der Natur sitzen und essen, außer auf einer der dafür vorgesehenen Bänke, unmarkierte Wege ausprobieren, über Zäune und Mauern klettern: »Amtsverbot«, »Durchgang verboten«, »Busse bis zu 1000 Franken«. Ein penibel verwaltetes Terrain. »Schritt! Oder 2 Fr. Busse! Velofahrer absteigen!«, lese ich in Lavin, tief geritzt in die Mauern eines alten Engadiner Hauses. Nicht mehr wegzuwischen, eingraviert, für immer oder zumindest: für lange. Das Haus steht unter Denkmalschutz.

Es ist leicht im Engadin zu wandern oder zu reisen. Kein Weg, der nicht genauestens beschildert ist, keine Verspätungen bei Bus und Bahn, an allen Ecken und Enden Schautafeln, die Wissenswertes erklären. Organisation – das Zauberwort. Sie geht weit. Als ich in Ardez ankomme, empfängt mich ein Schild: »Heidi-Filmszene«. Johanna Spyris Geschichte von Heidi's Lehr- und Wanderjahren, 1880 erschienen, hat Kinder über Jahrzehnte begleitet. Später wurde das Buch durch eine Vielzahl von

Verfilmungen des Stoffes noch populärer. Für die meisten dieser internationalen Produktionen war das Engadin Drehort, kaum eine idyllische Almhütte oder ein Dorfbrunnen, die es nicht zu Heidi-Ehren gebracht haben. Als ich im Kurverein von Ardez nach einem Hotelprospekt frage, drückt man mir eine Broschüre in die Hand. »Auf den Spuren des Heidi-Films«, darin die Auflistung der Attraktionen der Gegend: Sent bietet eine Fahrradrunde mit Namen »Peter-fällt-vom-Bike-Weg«, in Scuol gibt's den Heidi-Zeichenwettbewerb, die Rhätische Bahn lockt mit »Heidi-Erinnerungs-Bahnbilleten«. Drei Bäckereien bieten Heidi-Brot an, diverse Hotels ein Heidi-Menü und im Flüela-Tal gibt's sogar eine Heidi-Feuerstelle.

Wie gesagt: alles wohl organisiert, wenig Wildwuchs. Fast schon rührend, wie man um Gäste buhlt. Wer vom Engadin spricht, meint häufig nur St. Moritz und seine berühmten Nachbarorte, eine reiche Gegend. Das Unterengadin hat es schwerer: keine Juweliere und Pelzhändler, keine Gletscherbahnen und Windsurfing-Schulen, kein Flugplatz, auf dem Privatjets landen. Stattdessen eine engere, aber auch ungezähmtere Gegend. Man setzt auf das, was man heute so gerne als sanften Tourismus preist: Wanderwege in allen Höhenlagen, gemütliche Dörfer mit urigen *Beizen*, Familienanschluss auf den Bauernhöfen. »Eine Landschaft im Windschatten der Zeit«, wie es bei Jürg Amann heißt.

In Ardez bin ich auf die linke Talseite gewechselt, um mir das Dorf mit seinen prachtvollen Sgraffito-Häusern anzusehen. Soll ich zurück ans andere Ufer, hinein in den dichten, hochgewachsenen Wald, der sich bis Tarasp hinunter zieht? Die Vorstellung ist mir zu düster. Ich möchte nach oben, auf die Terrassen weit über dem Tal, wo sich die Orte sonnen: Von Ardez wandere ich nach Ftan und von dort nach Sent. Heidi-Land, immer noch. Sorgfältig restaurierte Bürger- und Bauernhäuser, mit Steinen gepflasterte Straßen, schlanke Kirchtürme, die in den Himmel greifen. Eine Welt aus der Puppenstube. Auf der anderen Talseite sehe ich Wälder, dann grüne, pralle Wiesen, Schloss Tarasp auf einem Hügel, die Grandhotels von Schuls und Tarasp. Der Inn ist verschwunden. Bergbäche schicken wilde Wasser ins Tal, Flüsse stürzen sich über Felsabhänge ins Ungewisse.

»Und schwer fließt der Inn/zu den Felsen von Füsen«, heißt es in einem Gedicht von Andri Peer. Und siehe da: Als ich in Crusch wieder zum Fluss hinuntersteige, erkenne ich ihn fast nicht wieder. Aus dem lebendigen Bach ist ein kleiner Strom geworden, der nur mehr selten aus der Bahn und ins Strudeln gerät.

Die Straße von Schuls Richtung Grenze verläuft ein gutes Stück oberhalb des Inns, hier unten, wo mein Weg am Wasser entlang zieht, ist vom Verkehrslärm nichts zu hören. In welchem Rhythmus fließt der Inn, in welcher Tonart reden die Wellen und Strömungen miteinander? Immer wieder anders. Chaflur. Ein Weiler, nur ein paar Häuser, sie gehören zu Tschlin, einem Ort weit oben am Hang über dem Inn. In Chaflur haben die Wasers gewohnt, eine Musikerfamilie. Ich habe ein Foto vor Augen: zwei bärtige, kleine Männer in verbeulten Wollanzügen, weiße, zerknitterte Hemden, feste Lederschuhe. Auf dem Kopf seltsame Hüte, wie ich sie anderswo noch nie gesehen habe: aus Filz oder Loden, fast wie die Kappen der sieben Zwerge. Zwei Waldschrate. Einer hat eine Klarinette im Mund, der andere spielt auf einer Violine. Franz-Anton und Franz-Josef Waser heißen die beiden Brüder, *»Ils Fränzlis da Tschlin«*, wie sie sich nennen. Sie sind beide klein, *Fränzlis* eben. Franz-Josef trägt eine dunkle Brille, er war blind. Aber er habe, so erzählt man, das absolute Gehör besessen, eine außergewöhnliche Musikalität. In seinem Repertoire von hundert Stücken fanden sich vierzig Eigenkompositionen. Nach seinem Tod – er ist 1895 gestorben, 37 Jahre alt, getötet vom Huf eines ausschlagenden Pferdes – spielten seine Nachkommen bis in die dreißiger Jahre des folgenden Jahrhunderts hinein weiter, ländliche Tanzmusik, von Generation zu Generation weitergetragen. Danach wurde es stiller in und um Chaflur und Tschlin.

Bis 1982. Damals beschlossen fünf Musiker sich zusammenzutun. Seither sind sie als

»Fränzlis von Tschlin« unterwegs, *in viadi,* auf der Reise, so heißt auch eine ihrer CDs. Fünf Männer in für meine Ohren untypischer und doch traditioneller Besetzung: Violine, Bratsche, Kornett, Klarinette, Kontrabass. Ab und zu kommen Stimmen dazu. Die heutigen *»Fränzlis von Tschlin«* sind Grenzgänger. In alten Truhen haben sie die Noten von früher ausgegraben, dazu kommen eigene Kompositionen: Mazurkas, Polkas, Schottische. Viele langsame Stücke, die meisten in Moll. Wie viel Melancholie schwelt in diesen Seelen? Die Unterengadiner hätten sogar Heimweh, wenn sie zu Hause seien, heißt es. Nicht einmal der *Valser* klingt überschäumend. Er stammt von Remigio Nussio, einem Komponisten aus dem Puschlav, der einst sogar bis Wien gekommen ist. *»Un Poschiavin a Vienna«*, haben die Fränzlis einen seiner Walzer genannt, frei nach Gershwin. In Wien ist Nussio wohl dem Walzer begegnet und Mozarts türkischem Marsch. Das hört man. Nussio muss mächtig Heimweh gehabt haben, das hört man auch. Ich habe die Melodie seines Walzers im Ohr, schicke sie mit dem Inn flussabwärts. Ob ihm die Donau die Traurigkeit austreibt? Wäre schade.

Das Tal wird dunkler, wilder, dünner besiedelt. Die Grenze zu Tirol ist nahe. Die Unterengadiner hätten sich immer schon mehr Richtung Österreich orientiert, erfahre ich, das sei leichter zu erreichen gewesen als der Rest der Schweiz. Gehandelt habe man in Landeck, eingekauft in Innsbruck. Und von dort, wie es in einem Volkslied heißt, Flöhe und Wanzen mit nach Hause gebracht. Liebevolle Sticheleien zwischen Nachbarn.

Strada, Martina – oder Martinsbruck, wie es auch heißt: die Orte wirken wenig belebt. Umfahrungsstraßen haben den Verkehr aus dem Dorf vertrieben. Die Gasthäuser schließen nach und nach. In Martina dann der Grenzposten, dahinter beginnt das Niemandsland, eine fünf Kilometer lange Schlucht zwischen Österreich und der Schweiz. Hier wohnt keiner, hier hausen Geheimnisse, hinter Bäumen, in verlassenen Hütten oberhalb der Straße und auf Almen, die nur zu Fuß erreichbar sind. Die Grenzgebiete im Engadin waren seit jeher Schlupfwinkel von Schmugglern. In den Landstrichen abseits der größeren Städte blühte der verbotene Handel. Tabak, Kaffee, Waffen. Damit hätte man immer schon gehandelt, wird mir erzählt. Während der Weltkriege nahm der illegale Tauschhandel zu: Mehl und Reis kamen aus Italien, Schinken und Speck aus Österreich. Über das Bergell und Puschlav brachte man Reifen, Gummischläuche und Präservative ins Engadin, die mit Kochsalz, Zigaretten und Kastanien bezahlt wurden. Nichts Ungewöhnliches: Jeder wusste das und fast jeder tat es. Der Polizist stand Schmiere, während sich der Lehrer Richtung grüne Grenze davonmachte. Und selbst der Pfarrer, so erinnert man sich, habe in seine Predigten versteckte Nachrichten über nächtliche Geschäfte dies- und jenseits der Gesetze eingeflochten. Nach Ende des Zweiten Weltkriegs kurbelte man den Handel mit den amerikanischen und französischen Truppen an: Jeeps gegen Alkohol. Später florierte der Schmuggel von Kaffee und elektronischen Geräten, Uhren oder Waffen. Die Schweiz sei der Supermarkt der Mafia, höre ich immer wieder, und das Engadin eine der vielen Eingangstüren: weit geöffnet, Tag und Nacht. Auch hier, wo das Tal so eng wird, dass sich der Fluss durchzwängt und die Straße an den Hang drückt?

Eine seltsame Gegend, *land's end*. Die Strecke scheint endlos. Und dann entdecke ich in der Ferne eine *Hüslibrugg*, wie man sie hier nennt, eine jener überdachten Holzbrücken über den Inn. Sie sind mir mehrmals begegnet, in Susch, Lavin und Sur En. Diese hier ist die schönste, ein befestigter Übergang aus dem Mittelalter mit einem Wehrturm in der Mitte des Flusses. Wer ans andere Ufer wollte, musste beide Tore des Turms passieren. Altfinstermünz heißt die Brücke, früher eine Zollstelle an der Römerstraße, der Via Claudia Augusta. Ob ich durchkomme? Das Tor ist offen. Erst 1868 hat man die jahrhundertealten Streitereien bereinigt: Das linke Ufer gehört den Schweizern, das rechte den Österreichern.

Brücken schlagen – eine Redewendung, die aus jener Zeit stammt, da man einen Baum gefällt hat, um ihn als Steg über das Wasser zu legen. Daran denke ich jetzt, als ich auf der Brücke stehe. Über mir das Dachgebälk, unter mir der Inn. Irgendwo hier, mitten im Fluss, muss die Grenze verlaufen. Ich werfe einen Stock ins Wasser, er driftet davon, wendig und schnell reitet er mit den Wellen. Wohin es ihn wohl treibt? Bis Innsbruck und Passau, mit der Donau weiter nach Wien und Budapest bis ins Schwarze Meer? Und dann? Einmal noch taucht er aus dem Wasser, dann ist er verschwunden. Und ich drehe mich um Richtung Ufer und gehe nach Hause.